W0318438

Benno Scheyer

Bewusst sein Leben gestalten

benno scheyer

bewusst

sein leben gestalten

mut zur selbstverantwortung

BIO ENERGETIK VERLAG

© Benno Scheyer, 2004
und Bio Energetik Verlag, Kinsau
Umschlaggestaltung: Angela Prade
Layout und Satz: Prade Design, Kinsau
Printed in Austria

ISBN 3-929771-07-1

Inhaltsverzeichnis

Vorwort

Es gibt eine Menge an Literatur, Workshops und Seminare, deren Inhalte Persönlichkeitsbildung, Selbstverwirklichung, Lebensgestaltung und Selbstverantwortung sind.

Das vorliegende Buch, wurde geschrieben, weil mich viele Menschen gebeten haben, meine Gedanken zu veröffentlichen. Sie haben mich in Gesprächen und Seminaren kennen gelernt und wollten, dass noch mehr Menschen an meinen Äußerungen teilhaben. Dieser Bitte bin ich hiermit nachgekommen.

Ein weiser Mensch hat einmal gesagt:
„Wahrheiten gibt es gar viele; die Wirklichkeit aber kann man nicht beschreiben. Sie wirkt, als ob sie eine unsichtbare Matrix wäre, die im Kosmos allen menschlichen Handlungen zugrunde liegt, aber nicht sofort für jeden erkennbar ist".

Der Inhalt dieses Buches ist meine Wahrheit, sie kann genauso richtig, wie falsch sein. Spielt das aber eine Rolle?

Anwendbar und nachprüfbar sollte sie sein. Dieses ist meines Erachtens nur dann möglich, wenn sie in den Alltag übertragen werden kann. Diejenigen Menschen, welche die Inhalte dieses Buches kennen gelernt und in Ihr Leben integriert haben, erlebten spürbare positive Veränderungen und haben sich dadurch auf Ihrem Lebensweg leichter getan.

Die Darstellungen sind meines Erachtens nach provokant. Es ist deshalb anzuraten, die Kapitel nacheinander und von vorne beginnend zu lesen. Sie bauen aufeinander auf und nur so können sie im Sinne des Ganzen verstanden werden. Das Buch möchte mit seinen praktischen Hinweisen konkrete Hilfestellung geben, den Alltag bewusst mit Freude zu meistern!

Dieses gelingt Ihnen, wenn Sie mit geeigneten Werkzeugen den Umschlagpunkt (Umkehr von Last zur Lust) knacken können. Die Werkzeuge dazu erhalten Sie in den folgenden Kapiteln. Wichtige Thesen oder bedeutende Aussagen erkennen Sie an dem Fettdruck.

Ein Leben zu leben, was im Nachhinein als sinnvoll und erfüllt betrachtet werden kann, ist das Ideal aller Menschen. Und wenn es dabei noch mit wenig Reibung, viel Lebensfreude und der Gewissheit geschieht, mit Wach- und Bewusstheit auf seiner idealen Lebenslinie zu sein, dann ..., ja dann ..., sind Sie zu beglückwünschen.

Wie Sie, liebe Leser, sind alle Menschen auf dem Weg, auf ihrem ureigensten Weg ins Paradies, jedoch meist geplagt, getrieben und gehetzt und vor allem unbewusst, nur ein Ziel vor Augen, das da lautet: anzukommen.

Ist das von unserem Schöpfer so vorgesehen?

Nein, nein, nein, ... das kann und darf nicht sein!

Für das Ende der Reise brauchen wir nichts zu tun, aber auf dem Weg dahin können wir etwas tun, nämlich wach und bewusst unsere Reise zu gestalten – doch wie?

Dieses Buch wird Ihr Reiseführer sein und Sie auf diesem Weg begleiten, bis Sie ihn am Ende der Reise nicht mehr brauchen, weil Sie durch dessen Informationen nicht nur Ihr Reiseziel erreicht haben, sondern bewusst und mit viel Lebensqualität Ihre Reise auf Erden genossen haben.

Steigen Sie ein, die Reise kann beginnen!

Benno Scheyer

Teil I

Vom Istzustand

Einleitung

Im ersten Teil des Buches möchte ich auf die Ist-Situation der Bevölkerung im Allgemeinen eingehen. Kapitel 1 wird diesem Gedanken Rechnung tragen und die Situation beschreiben, in der wir uns von Geburt an befinden und wie der weitere Lebensweg „normalerweise“ aussehen wird.

Die Beschreibung passt zu einem großen Teil der Bevölkerung, aber sicher nicht auf alle Menschen. Jeder kann prüfen, ob er sich irgendwo in der Darstellung wiederfindet.

Die Inhalte des Kapitel 1 sollen nicht verurteilend wirken, sondern aus der Beobachter-Sicht die Welt beschreiben, wie sie ist, wobei ich versucht habe, eine neutrale Position einzunehmen.

Auf Grund der vielfältigen Ausprägungen der menschlichen Gesellschaft, die zu beschreiben ein eigenes Buch ergeben würde, wurde zugunsten der anderen und wichtigeren Themen lediglich eine grobe Zusammenfassung erstellt.

Kindheit, Pubertät, Trennung vom Elternhaus

Wir werden als Menschen geboren und wachsen zunächst in einer Umgebung auf, für die wir scheinbar nichts können. Wir sehen dies als Schicksal oder Zufall an und vermuten, ein schweres oder ein leichtes Los getroffen zu haben. Als kleine Babys werden wir behandelt wie ein Spielzeug und wie ein Wesen, das anscheinend weder denken noch wahrnehmen kann.

Die Eltern warten darauf, dass das Kind groß wird, und sie freuen und wünschen sich natürlich, dass es artig, brav und möglichst intelligent wird. Von Geburt an soll das Kind auf jeden Fall all die Charaktereigenschaften der Eltern mitbringen, da jene sowohl als die einzig wahren und guten, als auch als die richtigen angesehen werden.

Das Kleinkind beginnt sich alsbald zu entfalten, und die Eltern spüren im Laufe der Zeit zu ihrem Leidwesen, dass ihr Sprössling sogar einen eigenen Willen entwickelt.

Diesen empfinden sie als unangenehm, außerdem wundern sie sich, dass bei ihrem Nachwuchs Verhaltensweisen in Erscheinung treten, die, so denken sie, weder vom Vater noch von der Mutter stammen können.

Die innere Trennung seitens der Eltern von ihrem geliebten Kind beginnt.

Das Kind wächst heran, es wird größer und größer und entwickelt sich zur Überraschung der Eltern in eine ganz andere Richtung wie gewünscht. Dies ist jedoch noch die harmlose Phase.

Bei vielen Heranwachsenden taucht plötzlich Widerstand auf, nachdem von Seiten der Eltern Anforderungen gestellt wurden, denen das Kind nicht gewachsen ist. Dieses Druck-Gegendruck-Verhältnis verstärkt sich und wird zu einer Spirale, die keiner der Betroffenen zu durchbrechen vermag.

Die bereits eingetretene Trennung setzt sich fort.

Die Eltern, sofern sie mittlerweile noch nicht geschieden sind, machen sich natürlich immer wieder Gedanken über ihr Verhalten, wobei die Rollenspiele, der Widerstand, die Ohnmacht, ja die Hilflosigkeit sich nicht ändert und auch nicht ändern wird, solange ihnen nicht Grundlegendes bewusst wird. Die meisten oder fast alle Eltern schließen entweder mit dieser Sache ab oder sie stellen sich irgendwann die Frage, was sie falsch gemacht haben. Die großen Vorsätze, nämlich alles besser machen zu wollen als das, was sie selbst in der Kindheit erlebt haben, sind geschwunden. Die Eltern kamen in ihrem Wunsch, ihre Kinder anders erziehen zu wollen, selbst an ihre eigenen Grenzen.

Zu Beginn und am Ende der Pubertät – sofern der große Knall (Trennung von den Eltern mit Auszug aus dem Nest) noch nicht stattgefunden hat – werden die Spannungen zwischen den Eltern und den Kindern meistens am größten. Die Eltern spüren, dass sie den inneren Kontakt zu ihrem Kind verloren haben, dass sie nicht mehr ernst genommen werden und vor allem, dass sie in den meisten Fällen außer einem Dach über dem Kopf und Nahrung nichts mehr zu bieten haben – doch: in manchen Fällen Geld, das als Kompensation für ihre Hilflosigkeit dient; denn sie spüren, dass sie etwas unterlassen haben, nur wissen sie nicht was.

Bis zu diesem Punkt haben viele Eltern alles Mögliche wie Druck, Liebesentzug, Belohnung übers Materielle, Ausspielen der Geschwister untereinander, Notlügen, Motivation mit dem Osterhasen, dem Weihnachtsmann und dem Geburtstag ausprobiert und meistens, außer ein paar kurzfristigen, scheinbaren Erfolgen (was bedeutet, dass die Kinder das getan haben, was die Eltern wollten, aber ihren eigenen Willen unterdrückten), nicht das gewünschte Ergebnis erreicht.

In ihrer Hilflosigkeit haben sie bestimmt auch Gespräche mit verschiedenen Bekannten oder Freunden geführt und auch Vergleiche mit anderen Kindern gezogen, was zu dem Ergebnis führte, dass sie hinterher noch verunsicherter waren als davor.

Das Ziel aller Eltern ist sicherlich:

- Ihr Kind mit einer Portion an guten Werten, einer guten Schulbildung und guten Manieren auszustatten,
- es willensstark und zielstrebig zu machen, damit es das Lebens erfolgreich bewältigen kann,
- ihm beizubringen, was richtig und falsch ist, und dass und wie man sich im Leben durchboxen muss,
- ihm eine eigene Meinung anzuerziehen mit der Fähigkeit, diese aufrecht zu erhalten und sie gegen alle möglichen Angriffe, woher sie auch kommen mögen, verteidigen zu können und
- es möglichst an die Gesellschaft so anzupassen, dass es nicht auffällt und zu seinem Nachteil kein Schaden entsteht.

Wie viele Eltern dieses Ziel erreicht haben, kann sich jeder gut vorstellen. Es gibt zwei Faktoren, die in Zusammenhang mit der Erziehung gesehen werden sollten. Sie wirken auf jeden Fall auf das Zusammenspiel zwischen Eltern und Kindern ein, und davon hängt das Ergebnis der Erziehung im Wesentlichen ab:

a) von der Wesensstärke des Kindes und
b) von der Dressurstärke der Eltern.

Im Fall a) hat sich das Kind je nach Druckverhältnissen baldmöglichst aus dem Nest entfernt, oder aber es ist innerlich stark, kann den Druck ertragen und bleibt nur noch aus Eigeninteresse bis zum passenden Zeitpunkt im elterlichen Hause.

Im Fall b) hat sich das Kind der Dressur unterworfen und begonnen alle eigenen Wünsche und Vorstellungen, sich auf seine Weise im Leben auszudrücken, zu verdrängen. Es funktioniert angepasst an die Lebensweise der Eltern und macht aus Angst vor ihnen alles Mögliche, nur nicht das, was und wie es selbst sein will.

Irgendwann wird sich das Kind entweder:

a) ganz aufgeben und für die Eltern ein hoffnungsloser Fall bleiben, oder

b) auf Grund der ständigen Spannung, in der es lebt, aufgeben und unerwartet eine totale Abkehr und Trennung von den Eltern durchführen.

Ist das Wesen nicht so stark oder die Dressur nicht so hart, so kommt es zu all den Erscheinungen, die fast überall anzutreffen sind: Beide Parteien, Eltern und Kinder, leben nebeneinanderher, sprechen sich nicht aus, mögen einander nicht, leben im Widerstand, lernen sich zu ertragen und anzupassen und nehmen gegenseitig Charaktereigenschaften an, die sie bei der Gegenpartei ablehnen.

Bis zu diesem Zeitpunkt (Trennung vom Elternhaus) können wir auf jeden Fall folgendes festhalten: Beide Parteien, Eltern und Kinder, haben innerhalb des gemeinsamen Zusammenseins in teilweiser Unbewusstheit ihre Zeit zwar miteinander verbracht, aber ihre Grundaufgaben (miteinander wachsen, reifen und lieben zu lernen) nicht erfüllt.

Fazit ist: Das Kind geht meistens unverstanden, nicht gänzlich angenommen und vor allem ungeliebt, aus dem Haus. Es verbleibt ihm das Gefühl von Trennung, Orientierungslosigkeit, Hilflosigkeit, Einsamkeit und Alleingelassensein.

Die Eltern wiederum sind meistens frustriert, verfallen in Selbstvorwürfe und sind völlig hilflos, weil sie nicht verstehen können, wie so etwas geschehen konnte. Sie sehen sich als Versager, werden meistens vergrämt und wissen nicht, wohin sie sich für eine Heilung der enttäuschten Beziehung hinwenden sollen.

Erschwert wird diese Problematik noch dadurch, dass sie der Meinung sind, alles richtig gemacht zu haben. Durch diese Fehleinschätzung kann eine Erkenntnis über das, was falsch gelaufen ist, nicht eintreten. Schade eigentlich, wenn man bedenkt, dass beide Parteien grundsätzlich etwas anderes wollten.

Hilfestellung suchen in dieser Situation meistens weder die Kinder noch die Eltern. Beide sehen die Situation situationsbezogen, weshalb der Zustand so belassen wird. Die Kommunikation beschränkt sich in Zukunft nur noch auf das Wesentliche und Oberflächliche. Eine Heilung der Beziehung ist also nicht in Sicht.

Im Grunde genommen wäre es eigentlich in der westlichen Welt die Aufgabe der institutionellen Kirchen, den Eltern bei Ihrer Grundaufgabe, der Kindererziehung, mit Rat und Tat zur Seite zu stehen. Darauf wollen wir jedoch nicht eingehen, da es den Rahmen dieses Buches sprengen würde.

Wie geht es aber mit den jungen Menschen weiter?

Dazu mehr im nächsten Abschnitt.

Berufswahl, Familiengründung

Die jungen Menschen werden:

a) entweder in dem Glauben, man brauche eine gute Schulbildung, um im Leben etwas zu erreichen, das Abitur machen, oder

b) einen Real- oder Hauptschulabschluss absolvieren und sich dann irgendeinen Job (von Beruf wollen wir nicht reden) suchen, um möglichst bald Geld zu verdienen.

Vielleicht gehen sie nach der Schule auch schon sehr schnell eine partnerschaftliche Beziehung ein, womit der weitere Werdegang vorprogrammiert ist: Wohnungssuche, Möbel kaufen, Familie gründen.

Danach dreht sich alles nur noch ums Überleben (Tretmühlenexistenz nennt man so etwas). Diejenigen, denen es später etwas besser geht, werden sich bemühen, ein Grundstück oder auch gleich ein Haus zu erwerben, in dem Glauben, man sei dadurch etwas Besseres. Wer wohnt denn schon in Miete? Die nächsten 30 Jahre wird daran gearbeitet es abzubezahlen, womöglich noch mit einem Zweiteinkommen des Partners. Die Kinder und die Beziehung leiden zwar unter der Berufsausübung, aber wer bewertet das schon? Gesellschaftlich gesehen hat man was, und darauf kommt es an. Wenn das Haus bezahlt ist, lässt man sich scheiden (vielleicht auch schon vorher) und geht mit vielen Emotionen beladen und im Streit auseinander.

Die zweite unbearbeitete Trennung!

Psychologisch aufgearbeitet wird auch bei dieser Trennung in der Regel nichts, alle unerledigten mentalen Prozesse bleiben im Unterbewusstsein begraben und gären dort mit vielerlei Auswirkungen.

Ein anderer großer Teil der heranwachsenden Menschen wird sich nach dem Studium irgendeine gut bezahlte Stelle besorgen und dort macht- oder geldhungrig sein Dasein frönen. Auch da werden sich die Ideale, die zu Beginn der Berufswahl vorhanden waren, im Alltagsgeschäft verlieren beziehungsweise den Ego-Interessen zum Opfer fallen.

Erfolg, Misserfolg, Geldangelegenheiten

Leistung ist in der Gesellschaft gefordert; und wenn man aus der Masse herausragt und Dinge tut, die in der Regel nur wenige tun, ist man meistens erfolgreich. Erfolgreich sein möchte jeder und auch viel Geld verdienen, wenn möglich sogar ohne etwas dafür zu tun. Im allgemeinen Verständnis bedeutet „erfolgreich sein" Geld, Macht, Reichtum, Gesundheit und Wohlstand zu haben.

Das wird in der Gesellschaft auch durch die unterschiedlichsten Medien wie Zeitschriften, Radio und Fernsehen als erstrebenswert dargestellt und zu einem lebenswerten Inhalt erkoren.

Diejenigen, die das nicht schaffen, sind demnach die Pechvögel. Diese wissen scheinbar nicht, wie sie es anstellen sollen reich zu werden, oder sie denken, dass ihr Schicksal es schlecht mit ihnen gemeint hat und zählen sich damit zu den Misserfolgreichen.

Geld im Leben zu haben, ist für viele Menschen zur Priorität Nr.1 geworden. Zu wenig zu haben, bringt den meisten verständlicherweise Probleme, weil wir uns nicht mehr bei den Naturvölkern im Busch aufhalten, sondern in einem kapitalistisch orientierten System, in welchem Geld zur Grundlage des Daseins geworden ist.

Der Satz „Wer acht Stunden am Tag arbeitet, hat keine Zeit mehr, Geld zu verdienen" hat mehr Bedeutung, als man es zunächst annimmt. Geld wird von den meisten immer in Verbindung mit Zeit bewertet, d.h. 8.– € ist 1 Stunde arbeiten, 170 Stunden arbeiten = 1360.– €.

Derjenige, der mehr Geld verdienen möchte, kann dies nur, wenn er länger arbeitet, oder wenn er vom Chef mehr Geld bekommt. Die andere Möglichkeit ist, sich über den zweiten Bildungsweg weiterzubilden und dann Karriere zu machen. Wem dieser Weg zu lange dauert, hat noch den Weg der Selbstständigkeit. Davor schrecken aber viele zurück, weil mehr oder weniger Eigenkapital erforderlich ist und das Risiko sehr hoch ist.

Menschen, die sich selbstständig gemacht haben, haben ein anderes Wertesystem. Sie heben sich von der Masse der Berufstätigen ab und denken zum Teil schon etwas anders.

Die letzte Möglichkeit, reich zu werden, wenn alles andere nichts genützt hat, ist Lotto zu spielen. Bekannt ist aber, dass die meisten Lottomillionäre ihr ganzes Vermögen wieder verloren haben was sich fast von selbst versteht, denn Glück zu haben, bedeutet noch lange nicht, mit Geld umgehen zu können. Dass Geld ein Energiefaktor sein kann und anderen Gesetzen unterliegt, ist unbekannt.

Die Aussichten auf Wohlstand sind demzufolge gar nicht so rosig, was dazu führt, dass es doch nur ganz wenige schaffen, „erfolgreich" zu werden.

Für junge Menschen eine schlechte Ausgangsbasis.

Unfall, Krankheit, Tod

Dinge wie Unfall, Krankheit und letztlich unerwartet eingetretener Tod im Umfeld eines Menschen werden als Schicksalsschläge aufgenommen und als zufällig und unvorhersehbar eintretende Ereignisse bewertet. Diese Angelegenheiten, so schmerzlich sie im Einzelnen auch sein mögen, werden hingenommen und so gut wie möglich im gesellschaftlichen Rollenspiel umgesetzt.

Es tauchen zwar Fragen auf, aber wer soll sie beantworten, und wer wird hier als kompetent erachtet darauf einzugehen? Selbst die Kirchen haben in diesem Zusammenhang an Kompetenz eingebüßt und werden nicht mehr ernst genommen.

Krankheiten werden ebenfalls als zufällig auftauchende, unliebsame Angelegenheiten angesehen, die man möglichst professionell von Spezialisten reparieren lässt, ohne sich mit deren Entstehung eingehend zu beschäftigen. Wenn der Schmerz und die damit verbundene Krankheit verschwunden sind, scheint auch alles wieder in Ordnung zu sein.

Tritt ein Unfall ein, so sucht man zunächst immer nach einem Schuldigen; es wird die Frage gestellt, wer oder was hat jemand getan oder unterlassen, wen kann man für das Missgeschick zur Verantwortung ziehen. Ist keiner da, so versteht man überhaupt nicht, dass so etwas passieren konnte, weil man ja fehlerfrei handelt und über alles die Kontrolle hat.

Grundlegend ist zu sagen, dass es durch das Prinzip der Objektivität, das für die meisten Menschen eine Grundlage für die Bewältigung ihres Lebens darstellt, verständlicherweise eine

Schuldfrage geben muss. Es gibt eine bestimmte Sache (das Objekt) und einen oder mehrere Beteiligte und die dazugehörende Frage, wer oder was jemand getan hat. Ist die Schuldfrage geklärt, wird die Sache abgehandelt und abgeschlossen und das Leben nimmt seinen weiteren Verlauf. Nach einer tiefergehenden Bedeutung des Unfalls selbst zu suchen, kommt keinem in den Sinn.

Eine Auseinandersetzung mit dem Tod findet in der Regel nicht statt. Tritt er plötzlich und unerwartet im engeren Beziehungsfeld ein, so wird er als harter Schicksalsschlag betrachtet und zwangsläufig hingenommen. Er wird mit den klassischen Verhaltensmustern wie Trauer, Schmerz, Leid und Unverständnis ausgetragen und in dem dann folgenden Alltag alsbald als tragisches Ereignis gedanklich verabschiedet.

Beziehungen

Beziehungen, die im Laufe der Zeit eingegangen werden, nicht nur die persönliche Partnerschaft als Ehe oder eheähnliche Gemeinschaft, sondern alle persönlichen, familiären oder auch beruflichen Verbindungen, egal ob man sie gesucht oder zufällig bekommen hat, werden in ihrer Bedeutung für die persönliche Entwicklung unterschätzt.

Die Beziehungen im weiteren Umfeld werden meistens an der Oberfläche gehalten und so durchgeführt, dass es nur geringe persönliche Berührungspunkte gibt. Werden sie intensiver, werden sie auf ihre Gefährlichkeit hin untersucht, denn keiner sollte einem zu nahe treten. Die anderen Verbindungen versucht man über das jeweilige Rollenspiel abzuwickeln, so dass es zu keiner direkten Auseinandersetzung kommt.

Die sehr enge oder intime Beziehung mit dem jeweiligen Partner wird in Richtung verträgliche Anpassung gelebt. Diese darf eine bestimmte Toleranzgrenze nicht überschreiten, sonst gibt es die üblichen Probleme wie Streit, Rechthaberei, endlose Diskussionen und, wenn dort auch ein gewisses Maß überschritten wird, letzten Endes die Trennung (Scheidung), der fast jedes zweite Paar in der BRD zum Opfer fällt.

Gewollt hat in den meisten Fällen eine Scheidung niemand, aber sie scheint wohl in dem Moment, in der die Konfrontation am höchsten ist, die beste Lösung zu sein, aber auch nur, weil die dahinterliegenden Prinzipien nicht erkannt werden.

Die Beziehung zu den Eltern wird, sofern es überhaupt eine gibt, in einem Hass-Liebes-Verhältnis gelebt. Hass, weil man bestimmte Charaktereigenschaften der Eltern ablehnt und alles anders machen möchte, und Liebe, weil man weiß, dass es die eigenen Eltern sind. Viele junge Leute werden durch die Abhängigkeiten, die sie mit ihren Eltern eingegangen sind, ob finanziell oder moralisch, unfrei und scheitern in ihren Beziehungen, weil sie sich nicht rechtzeitig von ihren Eltern trennen konnten und es auch nicht schafften, „Nein“ zu bestimmten Angeboten oder Forderungen zu sagen.

Kommunikation

Grundsätzlich ist natürlich Ehrlichkeit ein wichtiges Thema im Umgang mit anderen Menschen. Wer bringt schon den Mut auf, dem anderen das zu sagen, was er denkt und ihm herzlich, offen und freundlich seine eigenen Gedanken und Gefühle mitzuteilen, ohne Angst zu haben, ihn eventuell zu verletzen?

Damit wäre der Punkt der Kommunikation angesprochen, der für ein gutes menschliches Zusammenleben eine wichtige Voraussetzung darstellt. Die Menschen meinen zwar, sie würden gut miteinander kommunizieren (Verbindung herstellen), aber es bleibt bei Oberflächlichkeiten. Ein tiefergehendes Gespräch ist nicht angesagt, da es so viele unsichere Komponenten birgt.

Man muss gut hinhören, auf den anderen eingehen, Interesse zeigen und seine eigenen Auffassungen unter Umständen zurücknehmen.

Wie können wir erwarten, dass Staaten miteinander eine friedvolle Verständigung zustande bringen, wenn schon das kleine Kind, wie beschrieben, nicht gelernt hat zu kommunizieren und mit anderen Menschen menschengerecht umzugehen? Unsere Kommunikation basiert größtenteils auf tief sitzenden Urmustern, die nur aus Reaktionen bestehen.

Wo lernen wir kommunizieren?

Zu Hause, in der Schule, im Lehrberuf, an der Universität, oder im Leben?

Vielleicht in einem Rhetorikseminar, dessen Lehrinhalte größtenteils auf bewusstem, manipulativen Verhalten für das Erreichen der eigenen Interessen bestehen?

Ein liebevoller Austausch mit dem Ziel, eine für beide Personen zufrieden stellende Übereinstimmung zu finden, ist auf kommunikativem Wege erlernbar und auch umsetzbar. Aber wo lernen wir es?

Entweder selbst aus dem Leben heraus, oder indem wir auf die Suche gehen Menschen zu finden, bei denen wir es auf individuellem Wege erlernen können.

Alt werden

Wer es einigermaßen unbeschadet bis zur Rente geschafft hat, dem winken ebenfalls keine lustvollen Perspektiven im Alter. Mit eigenen und in der Zwischenzeit groß gewordenen Kindern ist es eher möglich im Alter noch eine schöne Zeit zu erleben, sofern diese Beziehung überhaupt noch existiert.

Wer keine Kinder hatte oder wer den Kontakt wie oben geschildert abgebrochen hat, dem ist der Einzug in ein steriles Altersheim unter Gleichgesinnten sicher. Das Warten auf den Tod beginnt. Ist jemand im Alter krank, hat keine Angehörigen und wenig Geld, wird er zum Sozial- oder Pflegefall. Auch da erwartet ihn das Alleinsein und die Einsamkeit.

Alles in allem sind es Umstände, die das Leben für viele Menschen im Alter nicht mehr lebenswert machen. Sie wissen, dass sie irgendwohin abgeschoben werden und meist unwürdig, womöglich noch in einem Krankenhaus allein in einer Ecke, einsam sterben. Eine Vorbereitung auf den Tod hat in solch einem Falle sicher nicht stattgefunden.

Sicher ist, dass mit einer solchen Perspektive niemand rechnet, aber leider hat sich das ganze Gesellschaftssystem gegenüber früheren Zeiten verändert, was aus den oben dargelegten Gründen allzu plausibel ist.

Zusammenfassung

Die hier dargestellten Erscheinungsformen und die damit verbundenen Probleme des menschlichen Daseins am Anfang des 21. Jahrhunderts treffen sicherlich für einen Großteil der Bevölkerung zu. Es wäre nicht fair, diese pauschalen Feststellungen auf alle Menschen zu übertragen.

Natürlich gibt es auch Menschen, die sich entweder von Geburt an oder im Laufe ihres Lebens nicht dem konventionellen Leben hingegeben, sondern sich tiefere Fragen nach dem Sinn und Zweck des Daseins gestellt und deshalb ihr Leben auf eine völlig andere Daseinsform gebracht haben.

Das sind sicherlich die Ausnahmen und für diese Menschen ist dieses Buch nicht geschrieben worden, da sie diesen (meinen Blickwinkel) bereits eingenommen haben und es dadurch geschafft haben, ihren ureigensten Weg zu finden und auch zu gehen. Möglicherweise werden Sie jetzt denken, dass diese Erscheinungen übersteigert dargestellt wurden. Mit Sicherheit ist dieses nicht der Fall. Es ist mein Anliegen Sie, liebe, Leser aus Ihrer Identität herauszulösen und Sie in eine Beobachterposition zu führen, von der aus Sie mit Abstand alles mit anderen Augen betrachten können. Sowohl das eigene als auch das Dasein anderer sieht aus dieser Perspektive ganz anders aus. Von diesem Standpunkt aus werden Sie sagen, das bist du, das machst du?

Die Erfahrung, die Sie machen werden, ist dieselbe, wie wenn Sie sich zum ersten Mal auf einem Tonträger oder einer Videokassette aufgenommen haben und Ihre Stimme hören oder Ihr Verhalten auf einem Videofilm anschauen. Die meisten sagen dann, dass das gar nicht Ihre Stimme sei und wie unmöglich und wie komisch das wäre. Und so wird es auch sein, wenn Sie Ihr Leben von einer anderen Perspektive aus betrachten.

Je intensiver Sie eine solche Erfahrung der Selbstbeobachtung machen können, um so mehr entwickelt sich die Bewusstwerdung und der Wunsch nach einer Veränderung des Lebens und der eigenen Persönlichkeitsstruktur.

Die meisten Menschen werden sich über solche Sichtweisen keine Gedanken machen. Sie sind so mit ihrem Lebensspiel beschäftigt, dass sie sich nicht als Spieler sehen. Sie spielen ihre Rolle nach ihrer Weltanschauung, woher die auch kommen mag, und haben noch nie gedanklich den Ansatz gemacht ihre Rolle zu hinterfragen.

Sie denken, entscheiden und handeln nach Gutdünken und transportieren das, was sie als Kind erlebt, erfahren und erlernt haben, in die Gegenwart, was damit wieder zur Zukunft wird. Dieses Spiel geht von Generation zu Generation weiter.

Wo bleibt da der Spielraum für ein Hinterfragen des Ganzen, wann wird diese ständige Kettenreaktion einmal durchbrochen, um für ein anderes, ein bewusstes Spiel Platz zu schaffen, damit wir zu dem werden, was wir wirklich sind, nämlich:
freie und bewusste Wesen.

Die oben geschilderte kurze Abhandlung über den Entwicklungsweg der Menschen in der heutigen Zeit trifft für ein Großteil aller Menschen zu. Differenzierungen gibt es sicherlich durch die verschiedenen Kulturen, die Einflüsse der jeweiligen Konfessionen und durch die politische Ausrichtung.

Das jeweilige Wesen (mit dem oben dargestellten Werdegang) wird, verbunden mit anderen Wesen, zu dem, was man heute in der Summe Gesellschaft nennt. Die Gesellschaft bildet einen Staat, dieser hat eine Regierung und diese macht Politik und Gesetze. Wenn wir nun die Problematik des einzelnen auf den ganzen Staat übertragen, kann jeder leicht erahnen, was in einer Gesellschaft mit solchem Hintergrund an qualitativer Zukunftsperspektive zu erwarten ist.

Jeder Mensch meint es natürlich mit allem, was er tut, gut. Er hat immer eine gute Absicht, will keinem Menschen schaden. Natürlich hat er sich seine eigene Ethik und Moral geschaffen, die da lautet: „Was mir gut tut, ist auch für andere gut." Darauf baut er sein Leben auf. Er tut immer das, was er für sich selbst als richtig erkennt. Doch was ist richtig und worauf bezieht er das?

Die Auswirkungen, die von jedem einzelnen Individuum ausgehen, betreffen natürlich zunächst im kleinen Rahmen die Familie, die Beziehungen und die berufliche Seite. Diese Auswirkungen kumulieren sich zusammen mit den Auswirkungen der anderen Individuen zu dem, was sich auf der Erde abspielt.

Nun gibt es überall auf der Erde Stimmen, die laut werden und sagen, so kann es auf der Erde nicht mehr weitergehen. Die Menschheit sei schlecht, es gäbe zu viel Böses und zu viel Leid. Eigentlich ist das paradox, denn ausgehend von der Feststellung, dass jeder nur das tut, was für den anderen auch gut ist, müsste es doch nur Gutes auf der Welt geben.

Des Weiteren stellen die Menschen fest, dass es eine Zunahme von Naturkatastrophen wie Erdbeben und Überschwemmungen und zudem Klimaveränderungen gibt. Dieses wird als zusätzliches Leid gesehen, was zu all den Problemen, die es auf der Erde gibt, noch hinzukommt.

Jeder wartet auf Hilfe von außen; von wem aber, stellt sich die Frage. Die meisten denken, die anderen müssten etwas tun. Wer kann aber Hilfestellung für etwas geben, von dem er selbst genauso betroffen ist und deshalb nicht weiß, wo er ansetzen soll.

So lange Sie Betroffener sind, und das bisher Geschilderte nicht einmal aus einem völlig anderen Blickwinkel betrachten können, werden Sie nicht aus dem Kreislauf herauskommen und an der Problematik nicht viel ändern können.

Dass der einzelne Mensch mit einer solchen Ausgangssituation das Leben als Belastung erlebt, versteht sich von selbst. Die meisten Leute sagen, dass sie:

a) sowieso keine Chance haben, etwas zu tun oder einzugreifen und
b) außerdem andere dafür zuständig sind, nämlich die Wissenschaftler und die Politiker.

Was nun?

Für jeden Leser müssten sich nach meinen Ausführungen folgende Fragen stellen.

1. Möchte ich mein Leben in Zukunft bewusster gestalten?
2. Habe ich überhaupt Einfluss auf meine Leben?
3. Kann ich positiv Einfluss auf meine Umgebung (Familie, Eltern, Freunde, Bekannte oder Arbeitskollegen nehmen, und wenn ja, wie?
4. Möchte ich auf ein erfülltes Leben zurückblicken können?
5. Wie und wo kann ich so etwas lernen?

Meine Antwort dazu lautet:
Wer sucht und sich auf den Weg macht, wird finden. Am besten lernt es sich im Alltag, direkt dort, wo sich das Leben abspielt. Sie brauchen also gar nicht so weit zu gehen. Was Ihnen jedoch bisher gefehlt hat, sind Hilfsmittel, bzw. Werkzeuge, mit denen Sie bewusst Hand anlegen können.
Mit dem weiteren Lesen dieses Buches wird das unbewusste Verhalten in Ihrem Leben ein Ende nehmen können, denn in den Kapiteln 2–14 werden Sie umfangreiche und außergewöhnliche Anleitungen für Ihre Reise zur Bewusstwerdung erhalten. Starten wir also jetzt mit Kapitel 2.

Teil II
Zum Werden

Einleitung

Im zweiten Teil des Buches möchte ich auf den vor Ihnen liegenden Weg eingehen. Unbewusst durchs Leben zu gehen bringt Leid. Jeder stößt immer und immer wieder an Grenzen, weiß sich dort nicht zu helfen, und kennt nicht die Entstehung von Leid. Es gilt nun diese Grenzen mit der Bereitschaft zu überschreiten, neues Terrain zu erobern. Damit findet Bewusstseinserweiterung statt und Unbewusstes wird bewusst.

Für die Überwindung der Grenzen ist etwas Mut erforderlich, weil Sie in unbekanntes Gebiet vorstoßen, in welchem Sie sich zunächst nicht sicher fühlen werden. Im Laufe der Zeit werden Sie jedoch immer mutiger, weil Sie erkennen werden, dass es sich lohnt, weiterzugehen.

Durch die Grenzüberschreitung und danach erfolgte Integration werden Sie wacher und wacher und bekommen einen Blickwinkel, der den bisherigen nicht ausschließt, sondern mit einbezieht, d.h. erweitert.

In Kapitel 2–14 werden Sie sehr weit reichende Perspektiven und Werkzeuge erhalten, mit denen Sie eine ganz andere Realität erleben und erfahren werden. Sie können jedoch sehr beruhigt sein, denn viele Menschen sind diesen Weg schon vor Ihnen gegangen und sind erleichtert, erfüllt und voller Stolz an ihrem Ziel angekommen.

2. Herkömmliches Weltbild – Neues Weltbild

Weltbild wird definiert als die Art und Weise, wie der Mensch sein Dasein in Bezug zu sich und zum Ganzen versteht. Haben Sie sich schon einmal die Frage gestellt, welches Weltbild Sie haben?

Nehmen Sie sich bitte ein Blatt Papier und skizzieren Sie Ihr persönliches Weltbild in Form von kurzen Sätzen oder auch einer kleinen Abhandlung. Schauen Sie sich bitte danach das Geschriebene sehr gut an und lassen es auf sich wirken.

Wird Ihnen jetzt bezogen auf Ihr bisheriges Leben etwas klar?

Es werden Ihnen, wie allen anderen Menschen, die das Gleiche gemacht haben, an dieser Stelle sicherlich mehrere Fragen auftauchen:

1. Ist es denkbar, dass mein Weltbild Einfluss auf meine Lebens- und damit Zukunftsgestaltung hat?
2. Wie stark ist dieser Einfluss?
3. Wie wirkt er sich aus?
4. Woher stammt dieses Weltbild?
5. Will ich es behalten?
6. Nützt es, oder schadet es mir?
7. Wen kann ich dafür verantwortlich machen?
8. Will ich es verändern?
9. Wenn ja, wie?
10. Wenn nein, warum will ich es behalten?
11. Ist es richtig oder falsch?
12. Sehe ich mich überwiegend als Täter oder als Opfer?

Durch diese Fragen werden Sie intensiv mit dem konfrontiert, wie Sie sich in Ihrer Person definieren, also wie Sie denken, meinen, handeln, sich äußern, entscheiden, gestalten, fühlen, sprich leben, als der, der Sie sind. Mit dieser Konfrontation werden Sie herausgefordert:

- Ihr Weltbild bestehen zu lassen, weil Sie es für gut befinden, oder
- es in Frage zu stellen, um es zu ändern.

Wir alle wissen, dass es sehr schwer ist, unser Weltbild und damit uns selbst zu ändern. Andere wollen wir zwar immer ändern, aber uns selbst nicht. Meiner **Erfahrung nach gelingt uns eine Verhaltensänderung nur dann, wenn wir:**

- **uns des jeweiligen Verhaltensmusters ganz klar bewusst geworden sind, und**
- **diese alten Muster im Alltagsgeschehen erkennen und sie in Verbindung mit unserem Willen durch eine intensive Bearbeitung durch neue ersetzen.**

Das setzt natürlich voraus, dass wir uns wirklich entschieden haben, an uns mit Freude zu arbeiten und das alte Weltbild mit den entsprechenden Anschauungen hinter uns zu lassen. Wir dürfen diesbezüglich die Macht der Gewohnheit nicht unterschätzen (die Gewohnheit ist eine Macht mit sehr viel Kraft). Diese Gewohnheiten hindern Sie am gravierendsten daran, Ihr Verhalten zu ändern.

Viele meiner Seminarteilnehmer erschraken, als sie zum ersten Mal ihr Weltbild niederschreiben mussten; die meisten wussten gar nicht, was damit gemeint ist, was das überhaupt soll, wozu es gut ist und verwechselten es mit Wünschen oder Zielen oder ihrer persönlichen Lebenseinstellung. Sich selbst zu betrachten oder überhaupt sich mit sich selbst einmal auseinander zu setzen, haben die meisten Menschen noch nie getan. Es ist deshalb für viele eine große Herausforderung.

Bei der Frage nach dem richtigen oder falschen Weltbild gab es immer rege Diskussionen und nachdenkliche Gesichter. Bei 6.339.384.914 Menschen auf der Erde (Stand Ende 2003) gibt es ja genauso viele, aber auch grundverschiedene Weltbilder, wie es Menschen gibt.

Die Frage stellt sich nun:

Wie ist die Welt wirklich, gibt es „die Wirklichkeit“ oder eine „unumstößliche Wahrheit“?

Jede der kleinen und großen Glaubensgemeinschaften und Sekten behaupten ja nach wie vor, dass sie die wirkliche Wahrheit gefunden haben und verteidigen diese Anschauung gegen Andersdenkende vehement.

Wie wir in der Geschichte nachlesen können, sind die meisten Glaubenskriege vor dem Hintergrund der verschiedenen Weltbilder und der Nichtbereitschaft, sie in Frage zu stellen oder zu erweitern, geführt worden.

Diese Thematik ist sehr brisant, kann man doch sehr schnell erkennen, was geschieht, wenn sich jemand erlaubt zu sagen: „So ist es, das ist die Wahrheit.“ Er erhebt sich damit über andere und wird gefährlich. Er hat nämlich dadurch ein Machtinstrument inne und wird zur Bedrohung für Andersdenkende.
Die Fragen, die sich aus dem Dargelegten ergeben, sind:

1. Was ist nun die Wahrheit?
2. Woran soll ich mich orientieren?
3. Wohin soll ich streben?
4. An welchen Bezugspunkten soll ich mich entwickeln?
5. Wer hat nun Recht, die Psychologen, die Philosophen, die Theologen, die Christen, die Atheisten, die Hindus, die Moslems, die Buddhisten, die Nihilisten, die Naturvölker, die Wissenschaftler…??? oder,
6. …ein alter weiser Mann, ein kleines Kind, ein einfacher, unscheinbarer und unbeachteter Mensch mit einer faszinierenden und liebevollen Ausstrahlung, der wenig Worte gebraucht oder gar nichts zu sagen braucht, weil seine Ausstrahlung selbstredend ist…???

7. Wie würde Jesus heute in Erscheinung treten und als was...? Als Motivationsguru für Manager, Ernährungsberater, Kultfigur in einem Ashram oder Politiker einer grünen Partei???
8. Wer würde sich heute an ihm orientieren und welche Lehren würde er heute von sich geben...???
9. Würde er mit einer eigenen Homepage im Internet auftreten...???
10. Würden wir gerade heute sein Weltbild als das einzig wahre und richtige annehmen können und wollen???

Diese Fragen begleiten uns im Alltag und bestimmen unser Werden und Sein. Sie sind nicht an Ethik und Moral orientiert. Sie gestalten aus dem Tiefsten unseres Inneren heraus das Leben und führen zur Wahrheit. Die Fragen nach der grundlegenden Wahrheit des Lebens beschäftigte schon immer alle Menschen bewusst oder unbewusst und wird es auch weiterhin tun. Meiner Ansicht nach kann die grundlegende Wirklichkeit oder Wahrheit nicht beschrieben oder definiert, sondern nur erfahren werden. Wer sie darzustellen, hält sich immer noch in der dualen Welt auf.

Erfahren können wir sie, jeder für sich und immer mehr, je nach unserer persönlichen inneren Geistesentwicklung.

Menschen, die etwas über die Wahrheit zu sagen haben, erkennt man, Sie werden nicht beworben. Sie machen keinen Lärm, die Präsenz der Wahrheit wird durch sie verkörpert.

Zurück zu Ihrem Weltbild.

Gefällt Ihnen Ihr eigenes immer noch?

Ja, oder nein?

Wenn ja, so können Sie dieses behalten, wenn nein:

Wie soll Ihr neues Weltbild ausschauen?

Nehmen Sie bitte wieder ein neues Blatt Papier und schreiben Ihr Wunschweltbild auf.

Dieses Wunschweltbild wird nun – wie bisher Ihr altes – ab sofort Ihr Leben bestimmen, nur mit dem Unterschied, dass Sie sich jetzt dessen bewusst sind und es so wollen. Vorher waren Sie unbewusst Ihrem ungewollten Weltbild unterworfen.

Sie werden ein neues Leben erleben, freuen Sie sich darauf.

Beide Weltbilder empfehle ich Ihnen in einen Bilderrahmen zu legen und an exponierter Lage in Ihrem alltäglichen Tätigkeitsfeld gut sichtbar aufzuhängen, stets zur Orientierung und Gestaltung Ihres neuen Lebens.

Mein Weltbild lautet übrigens zwischendurch bemerkt:

„Ich bin Bestandteil einer vollkommenen Vernetzung, eingebettet in eine göttliche Ordnung, mit der bedingten Gestaltung des Daseins eines freiheitlichen und göttlichen Wesens.“

✧ ✧ ✧ ✧ ✧ ✧ ✧

Ableitend von den bisherigen Gedankengängen wollen wir uns die Frage stellen: Hat jeder Mensch das Recht (Anspruch) auf sein eigenes Weltbild? Sie werden diese Frage sicherlich bejahen können; wenn Sie anderer Ansicht sind, stellt sich die Frage:

Warum hat er es nicht?

Grundsätzlich werden Sie sagen, dass natürlich jeder Mensch das Recht auf sein Weltbild hat, dass es aber auch hier Ausnahmen gibt. Zunächst kann ja jeder sein eigenes Weltbild haben, allerdings nur solange er die anderen Menschen in Ruhe lässt. D.h.: Wenn das eigene Weltbild bei anderen keinen Schaden anrichtet, darf jeder denken und tun, was er will. Leider bleibt es dabei nicht. Das Problem entsteht dann nämlich, wenn jemand versucht:

a) ein eigenes Weltbild einem anderen aufzuzwingen,
b) es zur Ideologie erhebt, Anhänger sucht, in den Kampf zieht und dadurch anderen Menschen schadet,
c) kriminelle Handlungen vollzieht.

Die Frage stellt sich, inwieweit es wichtig ist, sich überhaupt mit diesem Thema zu beschäftigen.

Sehr wichtig, denn:

1. Es ist wichtig zu wissen, dass unser Weltbild unsere Zukunft mitgestaltet. Deshalb können wir nach dessen Bewusstwerdung Einfluss auf die Zukunft nehmen, indem wir unser Weltbild verändern.
2. Da jeder das Recht auf sein eigenes Weltbild hat, stellt sich die Frage wie wir mit Menschen umgehen, die ein anderes haben als wir selbst, sofern Sie zu uns in Beziehung treten.
3. Wie schaffen wir es, Verständnis für die Menschen zu bekommen, die uns geschadet haben und die auch für die Gesellschaft eine Beeinträchtigung geworden sind, oder ihr sogar geschadet haben?
4. Wie können wir Menschen mit einem anderen Weltbild helfen, es zu verändern, sofern sie sich helfen lassen wollen?

Zu 1.: Jedem Menschen ist es daran gelegen, **glücklich, zufrieden, gesund und reich zu sein.** Wenn ihm das nicht gelingt, dann sollte er zunächst sein Weltbild abchecken, ob und wo es irgendwelche Anschauungen gibt, die diesem zuwiderlaufen.

Zu 2.und 3.: Zuerst ist es wichtig, folgenden Satz zu verstehen und anzunehmen. **Jeder Mensch tut nur das, wovon er überzeugt ist, dass es für ihn richtig und wichtig ist.**

Ob dieser Satz stimmt, bedarf der Prüfung an der eigenen Person. Tue ich nur das, was für mich richtig und wichtig ist? Sie werden diese These bestimmt bejahen, wenn Sie sie bis ins letzte Detail durchdacht haben.

Somit taucht natürlich die Frage auf, ob Sie das, was Sie für sich selbst beanspruchen, auch auf andere übertragen können und einem anderen Menschen, wer immer es auch sei und was er tut, das gleiche Recht zugestehen? Bei einfachen Angelegenheiten werden Sie mir sicherlich zustimmen können; was ist aber mit Menschen, die Verbrechen verübt haben und uns vielleicht sogar geschadet haben?

Können Sie diese These dort auch gelten lassen?

Wir wollen damit die Tat nicht entschuldigen oder rechtfertigen, sondern zunächst untersuchen, welche Prozesse abgelaufen sind. Später können wir uns anschauen, welche Aktivitäten eingeleitet werden können, um Andersdenkenden zu helfen.

Jeder Mensch hat das Recht auf sein Weltbild und keiner hat das Recht einem anderen dieses wegzunehmen.

Wichtig ist zunächst, dass wir wirklich anderen Menschen dieses Recht uneingeschränkt zugestehen. Jeder Mensch hat für seine Tat oder auch Unterlassung immer einen Beweggrund, eine bestimmte Anschauung, eine Meinung oder eine Überzeugung, aus der heraus er sein Handeln vollzieht und es als richtig erachtet. Für alle Menschen ist es schwierig, aber auch nicht möglich, die Gedanken und Verhaltensweisen anderer Menschen nachzuvollziehen. Wie oft sagen wir: „Ich kann das nicht verstehen oder ich kann das nicht nachvollziehen." Warum sagen wir das? Weil wir davon ausgehen, dass andere Menschen genauso denken wie wir oder es sogar müssten, und vielleicht die gleiche Wahrnehmung haben sollten wie wir.

Dieses Verhalten führt zu fatalen Folgen. Daraus entstehen die meisten zwischenmenschlichen Beziehungsprobleme auf der Erde.

Zu 2.und 3. und 4.: Wie können wir nun vorgehen und was können wir tun? Die Indianer haben schon gesagt, dass wir erst über einen Menschen urteilen sollen, wenn wir ein paar Meilen in seinen Mokassins gelaufen sind.

Der erste Schritt ist:

Sich auf jeden Fall mit dem anderen beschäftigen oder sich mit ihm auseinander setzen.

Der zweite Schritt:

Die eigene Art und Weise der Kommunikation von „Reden“ auf „Fragen“ umstellen. Wenn Sie das gelernt haben, werden Sie plötzlich ein Hauch von Verständnis bekommen, wie der andere Mensch ist oder warum er so denkt.

Der dritte Schritt:

Versuchen, die Gedankengänge des anderen nachzuvollziehen, die Art des Denkens des anderen zu akzeptieren, d.h. seine Auffassung als **gleichberechtigt** oder **gleichbedeutend** neben der eigenen stehen lassen zu können.

Das ist das Schwierigste, was von einem selbst gefordert ist. Sie kennen das aus eigener Erfahrung. Wenn jemand anders ist als Sie, werden Sie plötzlich unsicher und stellen sich in Frage. Das Anderssein ist unbewusst ein indirekter Angriff auf Ihre Persönlichkeit. Sie rechtfertigen sich für Ihr Verhalten und kurze Zeit später, wenn Sie sich besonnen haben, greifen Sie die Meinung anderer an und versuchen aufzuzeigen, dass das doch die „falsche“ Ansicht ist, die der andere vertritt.

Der vierte Schritt:

Fragen Sie solange nach, bis Sie ein Verständnis für sein Verhalten bekommen haben. Erst wenn Sie sagen können:

„So gesehen, kann ich das verstehen, oder nachvollziehen.“ Dann beenden Sie die Fragetechnik.

Der fünfte Schritt:

Zeigen Sie dem anderen auch, dass Sie sein Weltbild zu 100 % akzeptieren können und dass dieses für Sie so o.k. ist. Sie werden sehen, dass durch diese Akzeptanz auch Sie angenommen werden. Wenn sie nun mit dieser Situation klar kommen und es für Sie kein Problem mehr gibt, ist die Sache für Sie abgeschlossen.

Der sechste Schritt:

Stellen wir fest, dass der andere eine Weltanschauung hat, die wir nach unserem Moral-, Ethik- oder Rechtsempfinden nicht stehen lassen wollen, so gehen wir trotzdem die Schritte 1–5 durch und stellen dann dem anderen die Frage, ob er bereit zu einem Gedankenaustausch und offen für eine andere Betrachtungsweise wäre.

Wenn er verneint, lassen Sie ihn seines Weges gehen, denn jeder ist für sein Leben selbst verantwortlich.

Wenn ja, dann tauschen Sie sich aus und arbeiten, so notwendig, auf einen gemeinsamen Konsens hin, den beide akzeptieren können und beenden erst dann das Gespräch.

Der siebte Schritt:

In allen Fällen, in denen Sie oder Ihre Familienangehörigen von anderen Menschen geschädigt, verletzt, beleidigt, zu Unrecht behandelt, beschimpft, verleumdet oder angelogen wurden, (es können die schwerwiegendsten Angelegenheiten sein) gilt es, die o.g. Schritte trotzdem zu gehen.

Gerade bei schwierigen Situationen zeigt sich, ob Sie folgenden Grundgedanken verstanden haben, der über allem steht und der auch unsere wichtigste Lebensaufgabe darstellt:
Andere zu lieben wie sich selbst, aber nicht ihre Unvollkommenheit, sondern als das wahre Wesen, das sie wirklich sind!

Zusammenfassend noch einmal der Ablauf im einzelnen:
Wahrnehmen – hören – fragen – aufnehmen – austauschen – gleichberechtigt akzeptieren – Verständnis haben – verzeihen können – gemeinsamen Konsens finden – Heilungswege suchen – ihn als göttliches Wesen lieben lernen.

Ergänzend muss gesagt werden, dass Sie die Verhaltensweisen anderer nicht annehmen müssen.

Es geht darum, die anderen so zu lassen, wie sie sind. Die Konsequenzen aus der Einsicht, andere so belassen zu können wie sie sind, sind:

1. Sie haben viel mehr Zeit für sich selbst!
2. Sie verbrauchen weniger an Energie!
3. Sie haben eine bessere Vorbildfunktion!

Zusammenfassung:

1. Jeder hat sein eigenes Weltbild.
2. Dieses Weltbild gestaltet und beeinflusst die Zukunft des jeweiligen Menschen in hohem Grade.
3. Erst durch die Bewusstheit dessen erkennen wir, dass es einen Zusammenhang zwischen unseren Lebensabläufen und unserem Weltbild gibt.
4. Jeder hat das Anrecht auf sein Weltbild, und keiner hat das Recht, es einem anderen wegzunehmen.
5. Das Weltbild und die Eigenschaft des Menschen, es nicht verändern zu wollen, ist die Ursache für:

Disharmonien, Streit, strafbare Handlungen und zuletzt Kriege.

6. Erst durch die Bereitschaft und Fähigkeit des einzelnen Menschen, sich mit anderen auseinanderzusetzen, besteht die Möglichkeit der Erweiterung und Veränderung des Weltbildes.
7. Es geht nicht darum, wer nun das richtige Weltbild hat oder wer der Wahrheit am nächsten ist, sondern um die gegenseitige Akzeptanz und Toleranz.
8. Liebe ist da gefordert, wo es uns schwer fällt zu lieben, weil eine andere Anschauung da ist. Liebe ist der Schlüssel, Zugang zu anderen Menschen zu finden, um sich auszutauschen. Wo kein Austausch, da keine Veränderung, wo keine Veränderung, da keine Entwicklung, wo keine Entwicklung, da Stillstand und Tod. Tod ist die Chance der Erkenntnis und des Neubeginns.
9. Weltbild ist veränderbar.

Mit Annahme dieser Darstellung wird klar, dass wir alle Regisseure und Hauptdarsteller in unserem Theaterstück sind. Die Bühne ist unser Leben, was dort gespielt wird, bestimmen wir selbst.

Wir sind sogar unser eigener Kritiker, wenn wir eine Beobachterposition einnehmen können. Somit haben wir alles in unserer Hand.

Im nächsten Kapitel möchte ich auf das Thema „Mensch" eingehen. Wir sind alle Menschen, wenn Sie aber jemanden fragen, was denn ein Mensch ist, dann bekommen Sie die tollsten Antworten. Wie lautet denn Ihre Antwort darauf?

3. Der Mensch

Was ist der Mensch?

Die allgemeine Auffassung lautet: Der Mensch ist

- ein für die Wissenschaft faszinierendes Chemielabor, das noch nicht vollständig erforscht ist,
- eine zeitlich begrenzte Erscheinung auf unserem Planeten,

und er ist:

- abhängig von den von ihm selbst zufällig ins Leben mitgebrachten Charaktereigenschaften, Anlagen, Intelligenz, Fähigkeiten, Neigungen und Schwächen,
- abhängig von guten Ellenbogen und Beziehungen, um überhaupt etwas zu erreichen,
- abhängig von den Begünstigungen des Schicksals bzw. Glück oder Unglück,
- im Großen und Ganzen für seine Laufbahn auf Erden wie folgt vorprogrammiert:

Geburt → Kindheit → Pubertät → Partner → Ehe → Kinder → Familie → Beruf → Geld verdienen → Haus bauen → Rente → Weltreise → Tod → ???

Was ist der Mensch aber wirklich???

Jeder von uns kann denken, fühlen, träumen, glücklich und traurig sein und weiß, dass sich das alles sicher nicht im körperlichen Teil unseres Daseins abspielt.

Somit haben wir zwei Aspekte des menschlichen Daseins, einen Geist (wir können denken und fühlen) und einen Körper. Wir sollten uns das einmal gründlich vor Augen führen, was das überhaupt bedeutet:

Wir sind nicht der Körper, sondern haben einen Körper.

Das ist vielen Menschen nicht klar.

Erst, wenn wir verstehen, dass sich beide Teile, Geist und Körper, gegenseitig bedingen, fangen wir langsam an, unser Leben zu begreifen und zu verstehen, was es überhaupt bedeutet, Mensch zu sein.

Welche Aspekte sind es, die den Menschen ausmachen?

Körper
Geist
Seele
Gedanken
Gefühle
Psychische und physische Energie
Verstand, Vernunft, Intellekt
Ich
Persönlichkeits-Ego
Bewusstsein
Unterbewusstsein
Psyche
Freier Wille
Anlagenpotenziale
Wahrnehmung
Göttliches Prinzip

Definition von Psyche:
Die Psyche des Menschen ist ein ständig wechselndes System, welches sich hauptsächlich durch Gedanken, Gefühle und durch körperliche Energien ausdrückt. Sie ist niemals das Gleiche und entwickelt und ändert sich ständig.

Definition göttliches Prinzip:
Das gesamte Potenzial von Bewusstsein, das existiert und sich selbst erkennt in der Aktion.

Ich könnte jetzt noch weitere Untergliederungen des Menschen vornehmen, habe mich jedoch auf die wichtigsten beschränkt und möchte diese wie folgt definieren: **Der Mensch ist,** egal ob männlich oder weiblich:

eine ganz bestimmte Form von Bewusstsein

oder präziser gesagt
eine Wahrnehmungsstruktur,
welche in der Lage ist,
das wahrzunehmen,
was als eigene Ausstrahlung
aus dem Zentrum der Einheit
hinausgestrahlt worden ist
in eine Form der Polarität,
um sich selbst auszutauschen
und zu erkennen,
und um damit
ein Selbstbewusstsein zu bekommen.

Wir wollen die einzelnen Punkte näher definieren::

Zu: eine ganz bestimmte Form von Bewusstsein:
Bewusstsein ist alles, was ist. Alles ist belebt. Auch der Stein, den wir für tot halten, ist eine Form von Bewusstsein, er ist belebt und beseelt. Die Naturvölker können uns dazu einiges sagen, was uns Westeuropäer in unserer heutigen Kultur verloren gegangen ist. Alles was existent ist, hat Bewusstsein in einer bestimmten Form. Auch wir als Menschen sind eine gewisse Form des Bewusstseins und haben auch ein individualisiertes Bewusstsein. Diese Bewusstseinsform drückt sich in vielerlei Aspekten aus. Es gibt viele Völker, Rassen und Stämme. In der Grundstruktur jedoch gehören sie alle zu der Bewusstseinsform „Mensch“.

Zu: eine Wahrnehmungsstruktur, die in der Lage ist, das wahrzunehmen:

Wir sind als Mensch mit einer Struktur ausgestattet, die wahrnehmen kann. Wir können über unsere fünf Sinne, das sind Riechen, Schmecken, Hören, Sehen und Tasten, wahrnehmen, aber auch über unsere nicht körperlichen Organe, wie Fühlen und Erkennen, auch über unsere Intuition und die innere Stimme.

Mit dieser Fähigkeit können wir in Aktion treten und nicht nur andere oder anderes, sondern auch alles wahrnehmen was ist, ebenso uns selbst und das, was wir zum Ausdruck gebracht haben. Diese Gabe ist nicht jedem Wesen auf der Erde, sondern nur dem Menschen zu eigen. Dieser Wahrnehmungsaspekt ist eine fundamentale Grundlage, denn ohne ihn könnten wir die weiteren Aktivitäten wie Erkennen, Gestalten oder Verändern, d.h. Handeln an sich gar nicht erst durchführen. Das Schöpfungspotenzial könnte sich nicht entfalten.

Zu: was als eigene Ausstrahlung:

Die eigene Ausstrahlung ist das, was wir selbst als Wesen insgesamt ausstrahlen: Sowohl das, was wir als „Ego" ausstrahlen in die Welt, d.h. was wir tun, wie wir es tun, also wie wir uns darstellen, wie wir uns geben, welches Image wir haben und was wir Produktives in der Welt leisten, als auch das, was wir von unserem Wesen her sind.

Zusammengefasst ist es die Art und Weise, wie wir uns auf unserem Erdenweg in unserer Gesamtheit zum Ausdruck bringen.

Zu: aus dem Zentrum der Einheit:

Einheit ist für mich der Begriff für das, was manche Menschen mit Gott oder Buddha bezeichnen würden. Sie ist das, was nicht mehr polar ist und was wir uns als Menschen auch nicht mehr vorstellen können und sollen. Das heißt, dass wir mit den Hilfsmitteln der polaren Welt (Sinne, Verstand, Vernunft und Denken) nicht etwas erfassen können, was nicht zu unseren Welt gehört.

Aus dieser Einheit entstammen wir und somit versteht sich, dass unser Ursprung als Mensch aus geistiger Sicht nicht von dieser Welt ist. Wir sind Geistwesen und müssen daher auch unseren in der geistigen Dimension haben. Vergleichen wir es mit einer Zwiebel. Erst wenn wir alle Schalen abgelegt haben, sind wir in der Mitte angelangt und diese Mitte betrachte ich als den Teil, der aus der Einheit abgespalten ist und aus dem sich jedes Wesen individualisiert.

Dieser Teil, genauer gesagt diese unpersönliche Existenz, ist der Ursprung, aus dem heraus wir unsere Persönlichkeit (die individuelle Art) gestalten. Zum Zeitpunkt des Austritts aus dem Zentrum der Einheit sind wir noch nicht individualisiert, sondern das ergibt sich erst im Laufe der Zeit. Dann nämlich erst greifen verschiedene Prozesse wie: freier Wille, Ich-Bildung, Freiheit, sich selbst zu erfahren und sich auszudrücken.

Kurz zusammengefasst betrachte ich das Leben eines jeden Menschen wie einen Sonnenstrahl, der aus der Sonne (Einheit) austritt und dann in die Welt hinausstrahlt.

Wir werden auf dieses Beispiel noch des Öfteren zu sprechen kommen, wobei ich darauf hinweisen möchte, dass meine Schilderung nur ein Modell darstellt, um die Wirklichkeit begreiflich zu machen. Beschreibungen und Beispiele sind Hilfsmittel aus der polaren Welt und können nur Anschauungsbeispiele sein.

Vielleicht können Sie sich jetzt besser vorstellen, was es bedeutet ein göttliches Wesen zu sein. Unser Ursprung, der Strahl, ist Teil der Einheit, also göttlich und wird es immer bleiben, egal was jeder Mensch aus dem Strahl macht und welche Farbe er dadurch in dem Sonnenstrahl annimmt.

Zu: hinausgestrahlt worden ist:

Hinausgestrahlt worden bedeutet, dass wir schon auf dem Wege sind und aktiv in der Welt unsere Erlebnis- und Erkenntnisprozesse machen. Wir sind unterwegs, jedoch zum großen Teil unbewusst, und unsere Hauptaufgabe in dem Ausstrahlungsprozess ist es, wieder unsere Ganzheit zu erfahren und ganz bewusst zu werden. Das Wissen darüber haben wir nach unserer Geburt vergessen und sind je nach Entwicklungsstand dabei es wiederzuerlangen.

Zu: in eine Form der Polarität:

Hinausgestrahlt in eine Form der Polarität. Wir sind aus der Einheit herausgetreten und haben dadurch natürlich auch die Dimension verlassen, in welcher die Gegensätze aufgehoben sind.

Jetzt befinden wir uns in einer anderen Dimension, in der Welt der Polarität. Wir Menschen haben das Grundproblem, dass wir uns in der Welt der Polarität wiederfinden, aber nicht wissen, was das für uns bedeutet.

Darauf wollen wir später eingehen, wenn wir über die geistigen Gesetze sprechen. Wichtig ist nur zu wissen, dass wir uns in dieser Dimension aufhalten und somit den hier vorhandenen Spielregeln mit allen daraus ergebenden Konsequenzen unterworfen sind.

Zu: um sich selbst auszutauschen:

Wir sind hier, um uns auszutauschen, d.h. dass wir uns hier auf der Erde erfahren und erleben sollen. Wir sind ausgestattet mit dem göttlichen Schöpfungspotenzial, haben durch unsere Gedanken und Gefühle dementsprechend Energie, Kreativität und Gestaltungsvermögen. Dadurch können wir in Aktion treten und uns zum Ausdruck bringen

Mit „austauschen" ist natürlich gemeint mit uns selbst und anderen. Immer wenn wir in Aktion treten und etwas tun oder unterlassen, können wir uns erkennen und dann austauschen, d.h. tauschen mit dem, was wir nicht sein wollen und etwas Neues hinzufügen oder etwas Unerwünschtes weglassen.

Zu: und zu erkennen:
Zu erkennen, wie wir sind, wer wir sind und wo wir sind. Die meisten Menschen bemühen sich nicht um Selbsterkenntnis, sondern sind sehr mit ihren Alltagsproblemen beschäftigt und, wenn sie nichts zu tun haben, beschäftigen sie sich wieder, um sich abzulenken. Dadurch gelangen sie nicht in die Position des Selbstbeobachters und wenn sie das nicht tun, ist Selbsterkenntnis nicht möglich.

Sie kennen die Aufforderung:

„Mensch, erkenne dich selbst!"

Handeln Sie aber auch danach, oder sind Sie nur mit Rechtfertigungen und Entschuldigungen Ihrer Handlungen zu Gange?

Viele Menschen erkennen vielleicht noch ihre eigenen Fehler, aber diese werden nicht als das erkannt, was sie sind, nämlich Ausdrucksbereiche ihrer Persönlichkeitsanteile. Es geht vielmehr darum, sich selbst als Wesen in seiner Gesamtheit zu erkennen als das, was jeder ist.

Zu: um damit ein Selbstbewusstsein zu bekommen:
Haben wir nun all das erfasst, erkannt und sind auf dem Wege, so erleben wir den Zweck der ganzen Sache von selbst, nämlich: ein Selbstbewusstsein zu bekommen.

„Selbst bewusst zu sein" bedeutet, das Wissen um das Selbst (das, was wir in Wirklichkeit sind) erlangt zu haben. Das Selbst in uns (der göttliche Teil) ist bereits vollkommen, nur der personifizierte Bereich in uns nicht (das ist das, was wir mit dem freien Willen aus dem göttlichen Teil gemacht haben).

Der personifizierte Bereich ist der Teil in uns, der zu einem gewissen Grade unbewusst und zu einem anderen Teil bewusst ist. Die prozentuale Verteilung zwischen Unbewusstheit und Bewusstheit ist individuell verschieden und hängt von der Länge des bereits zurückgelegten Weges nach Verlassen der Einheit ab.

Je mehr Bewusstheit in uns entsteht, umso mehr entwickeln

wir uns aus der unbewussten personifizierten Persönlichkeit hin zum reinen wahren Wesen, zu dem, was wir **wirklich** sind. Dieses bedeutet auch die Auflösung der unbewussten „Ego-Struktur“ des Menschen, was jedem selbstredend sehr schwer fällt, gerade weil er ja bemüht ist, dieses weiter auszubauen und auszudehnen.

Je intensiver der Weg der Bewusstwerdung und der Selbsterkenntnis gegangen wird, desto mehr entwickelt sich auch das Bewusstsein um das „Selbst“. Ist wirkliche wahre Selbstbewusstheit erreicht, ist der Mensch erleuchtet.

Wir sind also auf dem Weg uns auszudrücken als das, was wir sind. Gott drückt sich durch uns aus.

4. Aufgaben des Menschen

In Kapitel 3 wurde ausgeführt, was der Mensch ist. Im vorliegenden Kapitel möchte ich auf die dem Menschen obliegenden Aufgaben in der Welt eingehen.

Sie lassen sich in 4 Punkte aufteilen:

1. **Sich zum Ausdruck zu bringen!**
2. **Sich im Ausdruck zu erkennen!**
3. **Sich ins Verhältnis zu setzen!**
4. **Sich zu korrigieren!**

Wir wollen die einzelnen Punkte näher betrachten.

Zu 1.: Sich zum Ausdruck zu bringen:
Wir Menschen haben für die Gestaltung unseres Lebens von unserem Schöpfer Werkzeuge mit auf den Weg bekommen. Dieses sind Gedanken und Gefühle. Mit den Gedanken erstellen wir das Gerüst, mit den Gefühlen kleiden wir es aus. Das machen wir fast alles unbewusst, und wenn es uns nach unseren Vorstellungen gelingt, dann führen wir den Erfolg auf uns zurück, wenn nicht, sind die Umstände oder andere Personen daran Schuld.

Wir werden auf das Thema der Ursachensetzung und Gestaltung des Lebens mittels der geschilderten Werkzeuge noch separat und etwas genauer eingehen.

Sich zum Ausdruck bringen bedeutet dass was innen ist, nach außen zu bringen. Egal, was wir tun, ob wir frustriert oder voller Freude, ob wir im Beruf oder im privaten Bereich, ob wir alleine mit uns oder mit anderen sind. Auch wenn wir nichts tun, drücken wir uns dadurch aus.

Je mehr wir unseren Ausdruck in Zeit und Raum bringen, umso mehr entsteht ein Bild, ein Abdruck, ein Image oder eine Betrachtung von uns selbst.

Es gibt Anteile in unserer Persönlichkeit, die wir auf Grund von Hemmungen oder Blockaden nicht oder nur geringfügig ausdrücken. Trotzdem sind wir aufgefordert alle Persönlichkeitsanteile in uns zu leben, ja sie in die Welt zu bringen. Jeder hat Talente, Fähigkeiten, Eigenschaften, die der Welt dienen können, aber nicht alles wird zum Ausdruck gebracht, weil wir oft blockiert sind. Aber auch die Unterdrückung ist eine Ausdrucksform.

Zusammengefasst ist alles, aber auch wirklich alles eine Form und Qualität unseres So-Seins. Wir sollen und können alles, was in uns ist, herausbringen und leben lassen. Das ist unsere Aufgabe!!!

Zu 2.: Sich im Ausdruck zu erkennen:
Jetzt gilt es, seinen eigenen Ausdruck zu erkennen. Bis zu diesem Punkt kommen die wenigsten Menschen. Sie sehen zwar ihre Fehler oder was sie geleistet haben, aber immer nur aus der eigenen Perspektive. Hier gilt es, eine neutrale Position einzunehmen und seinen Ausdruck wertfrei und ohne Wenn und Aber zu betrachten.

Zum Beispiel:

Das (man selbst) ist ein Mensch, der oft laut wird, der nicht in der Lage ist hinzuhören, der seinen Dickkopf durchsetzt, fast alles erreicht, was er will, gut Klarinette spielen kann, nur die erste Stimme spielen will, ab und zu mal ein paar Bierchen trinkt, gute handwerkliche Fähigkeiten hat, weshalb er als Schreinermeister in der Selbstständigkeit sein Brot verdient; Beziehungsprobleme mit Eltern und Kindern hat, ewig auf die Politiker schimpft, keine Zeit für die Ehefrau hat, nie sein Auto, einen ramponierten Mercedes, putzt und im Keller Unordnung hat.

Eine derartige Beschreibung kann jeder von Ihnen über andere fertigen, Sie tun es oft im Alltag, meist abfällig und wertend. Nur von Ihnen selbst haben Sie bestimmt eine solche Beschreibung noch nicht angefertigt. Tun Sie es mal, es ist sicherlich nicht nur amüsant, sondern auch aufschlussreich.

Denken Sie, dass es leicht möglich ist, eine solche Beschreibung über sich abzugeben?

Aus der Erfahrung mit meinen Seminarteilnehmern weiß ich, dass es den meisten Menschen sehr schwer fällt so etwas umfassend, wertfrei und ohne Begründung für eine bestimmte Ausdrucksform zu beschreiben. Oft wird zu einem negativen Verhaltensmuster eine Rechtfertigung oder Erklärung mitabgegeben. Das ist hierfür nicht wichtig und ohne Bedeutung.

Es geht lediglich darum, eine möglichst ausführliche, umfangreiche und detaillierte Beschreibung zu fertigen. Je mehr Sie sich für eine solche Aufgabe Zeit nehmen, umso gewinnbringender ist es für Ihre eigene **Persönlichkeits-Entwicklung** (im wahrsten Sinne des Wortes).

Ideal wäre, wenn Sie ein schönes Spiegelbild von sich anfertigen könnten!!!

Das heißt also, dass es bei Punkt zwei nur um das Erkennen geht, es bedarf keiner Erklärung oder Rechtfertigung.

Zu 3.: Sich ins Verhältnis zu setzen:
Dieses bedeutet zwei Spiegelbilder zu fertigen, die miteinander verglichen werden. Das eine haben wir schon, das andere wird jetzt hergestellt. Das Neue sollte so beschrieben werden, wie der für Sie ideale Zustand aussehen sollte, also:

- Wie möchte ich gerne sein?
- Was fehlt?
- Was habe ich noch nicht zum Ausdruck gebracht?
- Was lebt noch nicht aus mir heraus?
- Wie möchte ich mich denn gerne zum Ausdruck bringen?
- Kurzum: so möchte ich sein!!!

Wichtig ist zu erkennen, dass keines von beiden besser oder schlechter ist als das andere. In dem einen erkennen Sie eben zum Beispiel Berge, in dem anderen Wasser. Beide Bilder haben die gleiche Berechtigung und sind gleichwertig. Deshalb dürfen Sie auch die für Sie zu korrigierenden Punkte nicht negativ bewerten. Wir treffen mit dem zweiten Spiegelbild nur eine andere Wahl. Es gibt eine Ursache, warum Sie so geworden sind, wie Sie es in dem ersten Spiegelbild beschrieben haben. Das ist aber jetzt und heute für Sie ohne Bedeutung.

Es gibt aber auch eine Ursache dafür, warum Sie sich verändern können. Diese liegt in Ihrer neuen Wahl begründet und das kann im Hier und Jetzt stattfinden.

Jetzt können Sie entscheiden, was sich ändern und wie es aussehen soll. Sie müssen sich dazu **nur** entscheiden. Das erscheint so leicht und deshalb ist es so schwer, weil sich die meisten das nicht vorstellen können.

Geben sie sich jetzt eine Chance! Sie müssen es nur tun.

Ja, nur dafür entscheiden.

(Es ist übrigens ratsam, beide Spiegelbilder aufzubewahren und immer wieder anzuschauen und zu vergleichen. Damit können Sie erkennen, wie Sie sich verändert haben.)

Zu 4.: Sich zu korrigieren:

Das ist nun die Hauptarbeit. Jetzt gilt es einen genauen Arbeitsplan für seine Korrekturen herzustellen. Es darf auf keinen Fall dabei bleiben, nur den Wunsch oder die veränderte Zielvorstellung zu notieren, denn dann bliebe es bei Punkt 3. Zu Punkt 4 gehören ganz klare einzelne Schritte, die exakt eingehalten werden müssen.

Zum Beispiel:

1. Sich zum Ausdruck bringen:

Schreiner hört nicht hin.

2. **Sich erkennen:**
   Ich erkenne, dass ich es nicht tue (Beispiele tauchen auf).
3. **Sich ins Verhältnis setzen:**
   Ich sehe mich beim Hinhören,
   ich widme den Menschen beim Gespräch Zeit und nehme mich zurück (neues Spiegelbild = Endzustand). Kommunikation klappt hervorragend.
4. **Sich korrigieren:**
   Ich achte darauf, dass ich in der Kommunikation geistig beim anderen bin,
   ich frage und rede weniger,
   ich frage nach, wenn etwas unklar ist,
   ich interessiere mich für die Belange des anderen,
   ich rede nur von mir, wenn es gewünscht wird,
   ich führe bewusst das Gespräch.

Je detaillierter Punkt 4 bearbeitet wird, umso größer ist die Chance zur Veränderung. Es ist empfehlenswert Ihre Ausdrucksformen in einzelne Unterpunkte aufzugliedern. Wir Menschen sind so facettenreich und bestehen aus vielen unterschiedlichen Qualitäten.

Je genauer Sie sich hier erfassen können umso größer ist das Potenzial, sich kennen zu lernen. Erstaunliches wird zu Tage treten. Eigenschaften, die Sie nie von sich geglaubt haben.

Um eine Erfassung exakt zu machen, ist es nützlich gute Freunde und Partner zu fragen, ob Ihnen diese bei der Beschreibung behilflich sein können. Sie werden Ihnen Aspekte aufzeigen, die Sie vorher noch nie an sich wahrgenommen haben. Voraussetzung ist natürlich, dass alle Beteiligten ehrlich sind.

Die veränderten Ergebnisse werden Ihnen zeigen, dass Sie als Mensch wirklich die Chance haben, Ihr Leben so zu verändern, wie Sie es in Ihrem Innersten schon lange wollten.

Die dargestellte Vorgehensweise können Sie nun auf all Ihre Persönlichkeitsanteile und Lebensbereiche übertragen.

Es ist zunächst sinnvoll, sich selbst, wie dargelegt, insgesamt zu betrachten und anschließend auf einzelne Bereiche überzugehen. So können Sie Themen wie Beziehungen, Kindererziehung, Geldprobleme, berufliche Bereiche, Hobbys, Fähigkeiten usw. einzeln mit vorgegebenem Muster bearbeiten und vervollkommnen. Sie können das immer wieder tun, d.h. Ihr ganzes Leben lang. Sie werden immer etwas an sich feststellen, das Sie verbessern wollen.

Die Folge davon wird sein, dass Sie immer zufriedener mit sich werden, Sie bleiben bei sich und verschieben nicht Ihre Ungereimtheiten auf andere. Sie werden liebenswürdiger, weil Sie sich selbst mehr akzeptieren, strahlen das auch aus und erhalten somit auch positive Rückmeldungen.

Ihr Selbstwert steigt, sie werden dadurch magnetischer und somit erfolgreicher in allen Bereichen.

5. Ganzheitlichkeit

Das Wort „Ganzheitlichkeit“ ist mittlerweile ein in der Gesellschaft für viele Zwecke gebräuchliches Wort geworden. Es wird sehr unterschiedlich interpretiert und muss daher für unseren Gebrauch klar definiert werden.

Ich verstehe unter Ganzheitlichkeit:
„Die Einbezugnahme von körperlichen, geistigen und seelischen Aspekten für die Gestaltung und Bewältigung unseres Daseins.“

Das heißt, ich gehe davon aus, dass jeder Mensch, vereinfacht ausgedrückt, aus dieser Dreiheit von Körper, Geist und Seele besteht.
Ich definiere: Geist – Seele – Körper wie folgt:

Körper:
Physisch materieller Aspekt unseres Daseins, angepasst an die Bedingungen der Erde, ohne Geist und Seele nicht lebensfähig, gestaltet durch die individuelle Qualität des jeweiligen Bewusstseins.

Seele:
Nicht körperlicher Informationsträger, aus Geist-Substanz bestehend, individualisiert durch das jeweilige Bewusstsein.

Geist:
Stoff oder Ursubstanz aus dem alles geschaffen ist, was ist, durchdringt alles, ist alles, ist Schöpfung und Geschöpftes.

Zu Körper:
Für viele Menschen ist es wichtig zu verstehen, dass wir nicht unser Körper sind, sondern einen haben. Allein der Satz: „Ich habe einen Körper“ sagt das doch schon aus.

Das Ich (was das ist, werden wir noch separat behandeln) hat einen Körper. Dieser Körper wird auch Tempel der Seele genannt. Wie mit einem Tempel umgegangen werden sollte, braucht meines Erachtens nicht unbedingt erwähnt werden.

Leider erhält er nicht die ihm gebührende Sorgfalt. Er bekommt bei den meisten Menschen zu wenig Schlaf, zu viel Alkohol, Nikotin und zu wenig Bewegung, um nur das Wichtigste zu nennen. Alle Gegenstände, die wir für unser Leben nutzen, wie Haus, Kleider und Auto, werden mit mehr Sorgfalt und Aufmerksamkeit bedacht als der eigene Körper.

Sie werden jetzt vielleicht sagen, dass Sie doch regelmäßig die Zähne putzen, jeden Tag duschen und auch essen, was doch ausreichen müsste.

Zum Thema Ernährung:

Haben Sie schon einmal über gesundes Essen nachgedacht und geprüft, was dem Körper fehlt und was er braucht?

55 Milliarden Euro wurden 2002 allein in Deutschland für ernährungsbedingte Krankheitsbehandlungen ausgegeben und das sollte uns doch stutzig machen

Zum Thema Bewegung:

Betreiben Sie regelmäßig und bewusst Sport, und halten Sie den Körper auf diese Weise elastisch, beweglich und fit?

Zum Thema negativ denken:

Wissen Sie, dass Ihre Gedanken auf Ihren Körper einwirken und dass eine negative Gedankenstruktur großen und schädlichen Einfluss auf ihn hat?

Der Körper, den wir haben, ist ein Teil der Natur. Ist es nicht interessant, dass wir Menschen ausgerechnet einen Körper haben, der an die physischen Bedingungen der Erde angepasst ist?

Ist das Zufall?

Wäre es nicht denkbar, dass wir von der Schöpfung an die physischen Bedingungen der materiellen Welt angepasst wurden, um damit und dadurch eine besondere Ausdrucksform des Geistes zu erhalten, um spezielle Erfahrungen und Entwicklungen der Spezies Mensch zu machen, die **nur auf diese Art und Weise in der Welt der Materie und der damit verbunden Gesetzmäßigkeiten möglich und machbar sind?**

Auf keinem anderen Planeten, den wir kennen, herrschen Bedingungen wie hier auf der Erde vor. Daraus sollten wir aber nicht schlussfolgern, dass die menschliche Rasse Orientierung und Ausgangspunkt des ganzen Universums ist.

Es wäre doch genauso denkbar, dass es auf anderen Planeten andere Wesen gibt, die den dortigen Bedingungen angepasst sind und auf Grund ihrer äußeren Struktur einfach für uns nicht wahrnehmbar sind.

Unsere Augen nehmen nur ein ganz kleines Lichtspektrum wahr, was bedeutet, das wir nur einen begrenzten Ausschnitt aus dem physischen Dasein erhalten.

Der Fehler, den wir machen, ist:

Wir meinen, dass es nur das gibt, was wir wahrnehmen. Das führt zu Irrtümern, auf die wir unser Dasein aufbauen. Diese Irrtümer schlagen sich in medizinischen, juristischen, wissenschaftlichen, religiösen und psychologischen Handlungen nieder.

Ich gehe davon aus, dass es noch andere Ausdrucksformen der Schöpfung gibt. Wir haben auf Grund unserer momentanen geistigen Entwicklung nur noch nicht die Fähigkeit erlangt sie zu sehen oder wahrzunehmen. Diejenigen unter den Lesern, die sich schon mit ernst zu nehmenden UFO-Phänomenen beschäftigt haben, werden sicherlich den Gedanken akzeptieren können, dass es noch andere Existenzen im Universum geben muss.

Wie bereits in Kapitel 2 dargelegt, hat ein Mensch mit einer fixierten Weltanschauung keine Möglichkeit der Grenzerweiterung. Aus diesem Grunde sollten wir Menschen, welche solche Standpunkte haben, auch nicht ernst nehmen und diese bei unserer eigenen Entwicklung auch nicht zum Ausgangspunkt für unsere weiteren Forschungen machen.

Die Beschäftigung mit unserem Körper hält uns ganz schön in Trab. Wie viel Zeit geben wir doch den körperlichen Belangen wie Essen, Schlafen, Trinken und Geldverdienen, um diese ganz einfachen menschlichen (körperlichen) Bedürfnisse zu erfüllen. Es gibt Menschen, die leben heute von Lichtnahrung. Dieses ist für den normal denkenden Menschen überhaupt nicht vorstellbar; aber auch nur, weil er mit dem Konzept, dass der Körper Nahrung braucht, groß geworden ist, und dieses damit gültig für ihn, also Teil seines Weltbildes, geworden ist. Dieses Konzept, obwohl es nur ein Konzept ist, wird bei einem solch konditionierten Menschen dafür sorgen, dass er bei fehlendem Essen sterben wird.

Die Menschen, die ihre Ernährung umgestellt haben, haben natürlich ihr Konzept aufgelöst und auch ihren Körper mit den entsprechenden Organen an die feinstofflichen Energien umgepolt. Der Beweis dafür ist erbracht, aber, wie dargelegt, mit dem naturwissenschaftlichen Weltbild nicht erklärbar. Vorreiterin für diese Ernährungsart ist die aus Australien stammende „Jasmuheen“. Auch hierüber gibt es Literatur.

Dieses sollte nur ein Beispiel dafür sein, wie eingeengt wir noch in unseren Weltanschauungen sind und welche Konsequenzen daraus entstehen. Solche Beispiele, nur anderer Art, können Sie auf alle anderen Bereiche wie Medizin, Justiz, klassische Psychotherapie oder Naturwissenschaft übertragen.

Stellen Sie sich nur einmal vor, welche Zeit uns bleibt, wenn wir nicht mehr essen würden, abgesehen von den daraus entstehenden wirtschaftlichen Konsequenzen und vielleicht sogar der Lösung des Hungerproblems in den Ländern der Dritten Welt.

Meiner Auffassung nach widmen wir sicher 90 % unserer Zeit den körperlichen Belangen. Ich möchte das nicht herabwürdigen, sondern nur bewusst machen und Sie fragen, wie viel Zeit Sie den geistigen und seelischen Aspekten Aufmerksamkeit schenken. Es bleiben dafür nur noch 10 % übrig, natürlich bei dem einen vielleicht mehr, bei dem anderen gar weniger.

Ein weiterer Aspekt, den wir sehen müssen, ist die Tatsache, dass der Körper ohne Geist und Seele nicht lebensfähig ist.

Wir alle wissen, dass beim Tode etwas den Körper verlässt.

Was ist das aber? Wir werden sicherlich im Körper, solange er lebt, mit unseren physischen Augen weder eine Seele noch einen Geist finden können.

Was verlässt den Körper? Manche sagen, es ist das Leben, aber was ist das Leben und aus was besteht es?

Es könnte ja einfach auch nur eine bestimmte Form von Energie sein? Wenn dem so wäre, wäre klar, dass es auf jeden Fall mit einer physischen Sache nichts zu tun hat. Es muss folglich aus einer feinstofflichen Substanz bestehen, welche den Körper durchdringt.

Wenn etwas beim Tode den Körper verlässt und es nicht wahrnehmbar ist, so muss es etwas sein, was nicht physischer Natur ist. Also steht fest, dass es eine andere Welt gibt, und dass wir uns mit ihr beschäftigen sollten.

Unser Körper ist gestaltet durch die Qualität des jeweiligen individualisierten Bewusstseins. Jeder weiß, dass kein Mensch dem anderen gleicht. Auf der ganzen Welt gibt es keine zwei Menschen mit den gleichen Fingerabdrücken.

Welch großartige Schöpfungskraft ist gegeben, um 6 Milliarden Menschen differenziert zu gestalten? Ist das einfach nur Evolution?

Sind wir aber nur deshalb unterschiedlich, weil ein Baumeister es so gestaltet? Nein, auch wir haben einen Anteil daran, den Körper mitzugestalten. Mit unserem individualisierten Bewusstsein kreieren wir unseren Körper und bringen ihn so in eine dem Bewusstsein entsprechende Ausdrucksform. Das heißt, dass der Körper das Abbild oder die Ausdrucksform unseres Bewusstseins ist.

Wir haben nicht zufällig den Körper, der dick oder dünn, schön oder hässlich, groß oder klein ist, sondern wir haben ihn so gestaltet, wie wir ihn für unser Leben und die damit verbundenen Aufgaben benötigen. Es spielen sicherlich bei der Gestaltung auch Erbanlagen eine Rolle, aber nur in dem Maße, wie wir über die Resonanz unseres Bewusstseins zu den Menschen (Eltern) gekommen sind, die eine geistige Entsprechung zu unserem Bewusstsein haben; aber dazu später mehr.

Wir wissen, dass sich unser Körper (unser Aussehen) im Laufe der Zeit verändert, aber nur deshalb, weil wir uns geistig verändern, was sich wiederum auf den Körper auswirkt.

Bei der Qualität unseres Bewusstseins geht es nicht um eine Wertung im Sinne von gut oder böse, sondern um Verschiedenartigkeit, vergleichsweise wie bei Bildern, die zwar alle Bilder, aber doch alle anders sind.

Zu Seele:

Nicht körperlicher Informationsträger meint, dass die Seele nicht aus physisch-materieller Substanz besteht und somit mit den physischen Augen auch nicht wahrnehmbar ist. Informationsträger heißt, dass sie im wahrsten Sinne des Wortes Information trägt und somit auch transportiert, aber aus geistiger Substanz besteht und unseren Körper durchdringt.

Sie existiert bereits vor der Zeugung unseres Körpers und wird auch nach dem Tod als feinstoffliches Wesen weiterexistieren. Sie ist der Teil unseres Bewusstseins, der als Bindeglied zwischen den einzelnen Leben immer wieder sich einen neuen Körper erschafft und die Informationen aus den bisherigen Existenzen weitertransportiert.

Auf die Aufgaben und Funktionen der Seele werden wir im Laufe des Buches immer wieder eingehen.

Zu Geist:

Stoff oder Ursubstanz, aus der alles geschaffen ist, was ist; durchdringt alles, ist alles, ist Schöpfung und Geschöpftes.

Die fortschrittlichen Naturwissenschaftler sind sich darüber einig, dass der Urbaustein des Kosmos aus reiner Energie (Geistsubstanz) besteht. Sie wissen, dass es die feste und unveränderliche Materie als solches nicht gibt, sondern dass die verschiedenen Erscheinungsformen nur verdichtete Energie in einem bestimmten Schwingungszustand sind und dass es für alles, was ist, eine bestimmte Matrix gibt.

Für diese Matrix gibt es einen Bauherren, nennen wir ihn Gott, der alles geschaffen hat, um sich selbst auszudrücken und sich dadurch zu erkennen. Für diese Ausdrucksformen gibt es keinerlei Begrenzungen, Maßstäbe, Festlegungen, Wertsysteme, Vorgaben, Zielsetzungen oder Absichten.

Das Einzige, was wahrgenommen werden kann, sind geistige Gesetze, die unsichtbar wirken, denen wir aber allen uneingeschränkt ausgesetzt und unterworfen sind. Ein Großteil der Menschheit ist sich dessen nicht bewusst. Sie bezeichnen die Phänomene des Alltag-Erlebens, sofern es nicht nach Plan verläuft, als „Pech oder Glück gehabt" oder „Zufall". Auf die Idee, dass hinter all den Erscheinungen verborgene Gesetze wirken, kommt so schnell niemand.

Ich möchte an dieser Stelle nicht versuchen ein Bild Gottes zu skizzieren, sondern nur anführen, dass ich als Wesen dieser Erde der Auffassung bin, dass man Gott nicht beschreiben kann. Wir leben in der Dualität, die auch nur eine bestimmte Form des Daseins ist, und können deshalb nur die Schöpfung erleben und wahrnehmen und darin bestimmte Erfahrungen machen, die mit anderen Menschen nur dann zu teilen sind, wenn sie dieselben machen.

Gott ist meiner Ansicht nach in den verschiedensten Ausdrucksformen erfahrbar und darüber kann man nur dann diskutieren, wenn man die gleichen oder ähnliche Erfahrungen gemacht hat. Allein einen Sternenhimmel zu erleben und sich dabei als Mensch zu relativieren, ist schon Erfahrung genug.

Geist ist formlos, nimmt aber verschiedene Formen an.

Geist kann nicht verloren gehen oder aufgelöst werden, sondern verwandelt oder verändert sich.

Geist ist Ruhe und Aktivität, Geist ist männlich und weiblich, Geist ist die Einheit hinter den Gegensätzen.

Geist ist All-Einheit, All-Einssein und Schöpfungskraft im Augenblick, für sich selbst und für uns als Menschen.

Geist beinhaltet natürlich die Seelenaspekte, denn die Seele ist ein Teil des Geistes. Das Gleiche gilt für den Körper, der sichtbar gewordener Geist und Ausdruck eines bestimmten Aggregatzustandes ist.

Zurück zum Thema Ganzheitlichkeit:

Die Frage stellt sich nun, inwiefern wir diese Aufgliederung in Körper, Seele und Geist für die Bewältigung unseres Alltags benötigen und was wir damit anfangen können.

Nach der oben aufgeführten Definition von Ganzheitlichkeit geht es um die Einbezugnahme der körperlichen, seelischen und geistigen Aspekte für die Gestaltung und Bewältigung unseres Lebens. Was ist damit gemeint?

Fast alle Menschen, und das entspricht auch dem heutigen allgemeinen Weltbild, leben unbewusst und ordnen die Alltagsgeschehnisse jedes einzelnen nicht sich selbst zu, sondern dem großen Würfelspiel eines unsichtbaren, launenhaften Weltenherrschers oder den Auswirkungen einer zufällig entstandenen und keinen Prinzipien unterworfenen Evolutionstheorie, denen sie hilflos ausgesetzt sind. Zusätzlich liegt ihrer Ansicht nach das eigene Wohlergehen in den Händen unfähiger Politiker, die das Weltgeschehen bestimmen und worauf keiner einen Einfluss hat. Schuld an der eigenen Misere haben also immer die anderen.

Im Gegensatz zu diesem Denkmuster erkennt man einen wirklich bewusst lebenden Menschen u.a. daran, dass er die Verantwortung für sein Leben vollkommen selbst übernommen hat.

Das ist Voraussetzung, um ganzheitlich zu denken.

Die Einbezugnahme von körperlichen, geistigen und seelischen Aspekten wird dieser Mensch deshalb vornehmen, weil er erkannt hat, dass er als Wesen aus dieser Dreigliedrigkeit besteht und allen drei Aspekten innerhalb seines Lebens auch gerecht werden will.

Dem körperlichen Aspekt widmet jeder genügend Aufmerksamkeit, dem seelischen recht wenig, außer wenn er sich durch die Werbung angesprochen fühlt, wie z.B. „die Seele baumeln lassen!“, was immer das auch heißen mag. Dem geistigen Aspekt geben die meisten auch keine Bedeutung (es wird immer mit Intellekt, Denken oder Religiosität verwechselt), da er nicht konkret genug zu handhaben ist.

Die ganze Aufmerksamkeit liegt in der Bewältigung des Alltagsgeschäftes. Dass das jedoch von jedem selbst als Geistwesen initiiert und deshalb auch geistig bearbeitet werden sollte, ist den meisten nicht bewusst.

Mit einem Beispiel aus dem medizinischen Bereich möchte ich die Thematik etwas plausibler machen:

Ein Mensch wird krank, er hat Schmerzen am Knie.

Die „normale“ Handlungsweise ist es, zum Arzt zu gehen, sich untersuchen zu lassen, nach den Ursachen zu forschen, sich eine oberflächliche Begründung (Abnützung, berufs- oder altersbedingt) geben zu lassen und Medikamente in der Hoffnung zu nehmen, bald wieder gesund zu werden. Möglicherweise wird sogar operiert werden. Der Arzt tritt hier mit der Pharmaindustrie natürlich als Reparaturwerkstatt auf. Denkbar ist, dass das Symptom verschwindet, aber es wird entweder kurze Zeit später wieder auftauchen, oder es gibt alsbald, hervorgerufen durch die Medikamente, an anderer Stelle des Körpers eine neue Symptombildung.

Gesund geworden im ganzheitlichen Sinne ist der Mensch natürlich nicht, weil er in der Behandlung auf der körperlichen

Ebene geblieben ist und die wirklichen Ursachen auf der geistigen Ebene nicht behoben hat.

Ein ganzheitlich ausgerichteter Mensch weiß, dass er primär ein Geistwesen ist, das sich seinen Körper selbst erschafft und somit auch auf Grund geistiger Fehlhaltungen Symptome kreiert, die auf der körperlichen Ebene ausgetragen und dargestellt werden. Die seelische Ebene hat diesen Prozess initiiert, um unbewusst sitzende Persönlichkeitsaspekte des Betreffenden an das Tageslicht zu bringen. Diese Person wird sich natürlich auf der unbewussten Ebene Umstände erschaffen, die für die Knieproblematik sorgen.

Der erste Schritt im ganzheitlichen Sinne ist jetzt, auf der Basis dieses gravierend anders ausgerichteten Ansatzes zunächst die Symptomatik des Krankheitsbildes zu dechiffrieren. Über diese differenzierten Krankheitsbilder gibt es ausgezeichnete und qualifizierte Literatur zum Nachlesen.

Im Falle des Knieproblems lautet die Botschaft:

Demut, sich beugen. Jetzt gilt es nachzuschauen, wo genau das im Leben des Betreffenden nicht gemacht wurde oder noch wird. In dem Augenblick, in welchem das herausgefunden und erkannt wird und die Umsetzung in eine andere Geisteshaltung beginnt, vollzieht sich der Heilungsprozess.

Wenn auf der geistig-seelischen Ebene die Sache erkannt ist, kann die Heilung auf der körperlichen Ebene, wenn gewünscht, durch einen Arzt (nicht unbedingt mit einem schulmedizinischen Hintergrund, es sei denn, der ganzheitliche Ansatz ist dort schon vorhanden) mit verschiedenen Bereichen der Alternativmedizin begleitet werden (z.B. Akupunktur, Bachblüten, homöopathische oder spagyrische Heilmittel, um nur eine Auswahl zu nennen).

Die Schulmedizin ist wegen ihrer wissenschaftlichen Ausrichtung leider vor langer Zeit von diesem ganzheitlichen Ansatz abgewichen, obwohl Paracelsus schon im Mittelalter gesagt hat:

„Du sollst den Körper nicht ohne die Seele heilen!"

Ein weiteres Beispiel zur Anwendung von ganzheitlichem Denken im Alltag:

Sie haben zu einem x-beliebigen Zeitpunkt Beziehungsprobleme, sei es mit Ihrem Partner oder im Beruf.

Normalerweise wird, egal auf welche Weise, untersucht, wer an dieser Misere Schuld ist. Was dann folgt, kennt jeder, darauf möchte ich jetzt nicht eingehen.

Wenn Sie ganzheitlich denken und handeln, dann würden Sie sicherlich einen Astrologen zu Hilfe nehmen und sich erklären lassen, welche Themen zur Zeit für Sie aktuell sind. Mit dieser Beratung erhalten Sie Information aus der Seelenebene, denn er wird Ihnen exakt sagen können, dass eben gerade zu dieser Zeit Trennungsaspekte wirksam sind und diese von Ihnen bearbeitet werden können.

Ihre Prioritäten werden sich jetzt verlagern und Sie werden sich eingehend mit dem Thema Trennung beschäftigen, d.h. Sie werden sich beispielsweise fragen, was bei Ihnen durch die Beziehungskrise an Gedanken und Gefühlen alles auslöst wird.

Die Schuldfrage ist Ihnen jetzt nicht mehr so wichtig, sondern alles, was geistig gesehen mit Trennung zu tun hat. Nach der erfolgten Integration wird sich die Thematik auf der äußeren Ebene von selbst erledigen, was heißt, dass es wieder zu einer neuen Art der Beziehung oder vielleicht tatsächlich zu einer Trennung kommen wird, die aber in Liebe stattfindet, weil das Problem erkannt und erlöst wurde.

Mit diesen beiden Beispielen wurde aufgezeigt, wie wir auf allen Ebenen unserer Aufgabe als Geistwesen nachkommen können. Ich hätte genauso gut auch Beispiele aus anderen Lebensbereichen darlegen können, um ganzheitliches Denken zu demonstrieren; die Vorgehensweise bleibt immer dieselbe. Sie erhalten durch diese Art des Denkens einen Weg aufgezeigt, um auf allen Ebenen Ihres Daseins Ihrer Verantwortung als Geistwesen gerecht zu werden.

Zusammenfassung:
Wir bestehen aus Körper, Seele und Geist. Lebensgestaltung ist nur sinnvoll, wenn sie ganzheitlich, also unter Einbezugnahme aller drei Aspekte vollzogen wird. In dem Maße, wie wir das praktizieren und in den Alltag umsetzen können, lösen wir uns von Unbewusstem.

6. Bezugspunkte

Unser Leben wird u.a. bestimmt durch unsere Werte, Vorstellungen, Ziele und Motive. Genauso wird es auch geprägt durch das, worauf wir es beziehen, d.h. welche Bezugspunkte wir haben. Was ist damit gemeint?

Ein Beispiel: Sind wir in einer christlich-katholisch geprägten Familie aufgewachsen, so wird unser Alltagsleben an den Lehren der katholischen Kirche und der damit verbundenen Bibel orientiert sein.

Sind wir in einer buddhistischen Gemeinschaft aufgewachsen, so wird die buddhistische Lehre unser Bezugspunkt sein.

Bezugspunkte dürfen wir nicht mit Zielen oder mit unserer generellen Lebenseinstellung verwechseln. Ziele sind Punkte, auf welche wir hinarbeiten, und unsere Lebenseinstellung ist die Art und Weise, wie wir dem Leben begegnen, bzw. wie wir mit ihm umgehen. Das einfachste Beispiel dazu ist, ob wir eine negative oder positive Lebenseinstellung haben.

Durch die Bezugspunkte richten wir uns im Leben aus.

Wenn unser Bezugspunkt gesunde Ernährung ist, werden wir unsere Lebensmittel bewusst aussuchen und genau prüfen, was wir unserem Körper angedeihen lassen und was nicht. Wenn uns das egal ist, wird unser Bezugspunkt die Sonderangebote im Supermarkt sein.

Diese Bezugspunkte sind bei jedem Menschen verschieden. Sie werden individuell, bewusst oder unbewusst, gewählt und für die Lebensgestaltung auch wieder unbewusst eingesetzt. Für jemand, der ständig Hunger hat, wird der Bezugspunkt die Essensbesorgung sein; für viele Leute ist es das Geld, für fast alle Menschen ihr selbst geschaffenes Weltbild, was größtenteils egoistisch orientiert ist.

Wozu ist es nun wichtig, sich mit dem Thema Bezugspunkt auseinanderzusetzen?

Grundsätzlich kann gesagt werden, dass der Bezugspunkt wie eine Fernsteuerung funktioniert. Alles, was wir tun, was wir essen, wie wir Kinder erziehen, was uns wichtig ist, welche Freunde wir haben, wie wir Sex machen, was wir anziehen, wohin wir in Urlaub gehen, welchen Beruf wir wählen, wird gesteuert durch unsere Ausrichtung.

Der Bezugspunkt kann zunächst einmal als Leitthema vorhanden sein und sich dann wieder untergliedern:

Zwei Beispiele dazu:

Beispiel 1:

Bezugspunkt generell:	Katholisch
beruflich:	Qualifizierte Leistung abgeben
sportlich:	Kameradschaft
persönlich:	Familie

Beispiel 2:

Bezugspunkt generell:	Freidenker
beruflich:	Erfolgsorientiert
Sportlich:	Spitzenleistungen
Persönlich:	Unabhängigkeit

Anhand beider Beispiele kann man sich den Lebensausdruck des jeweiligen Menschen sehr gut vorstellen, außerdem werden die jeweiligen Verhaltensmuster sehr verständlich.

Wenn Sie sich mit Menschen unterhalten und deren Leben genau anschauen, werden Sie sehr schnell deren Bezugspunkte erkennen können. Damit werden die Verhaltensweisen der Menschen durchschaubarer; sie sind leichter einzuschätzen und es ist einfacher mit ihnen umzugehen.

Kennen sie eigentlich Ihre Bezugspunkte?

Nehmen Sie sich bitte einmal Zeit und notieren Sie sich diese auf ein Blatt Papier:

Mein genereller Bezugspunkt ist:
Mein Bezugspunkt beruflich ist:
Mein Bezugspunkt sportlich ist:
Mein Bezugspunkt persönlich ist:
Mein Bezugspunkt in der Beziehung ist:
Mein Bezugspunkt geschäftlich ist:
Mein Bezugspunkt in der Ernährung ist:

Wenn Sie sich Ihre Antworten (Bezugspunkte) genau anschauen, werden Sie feststellen, warum Sie sich in Ihrem Leben so und nicht anders verhalten.

Diese Liste können Sie, wenn Sie wollen, ergänzen und weitere Bezugspunkte notieren.

Warum ist es wichtig, den Bezugspunkt zu erkennen?
In dem Maße, wie ich ihn erkenne, trete ich aus unbewusstem Verhalten heraus und sehe, was mein Ausdruck bestimmt.

Folgende Fragen helfen Ihnen, Ihre Bezugspunkte zu finden:

1. Bin ich bewusst, weiß ich, warum ich etwas tue?
2. Bin ich wach, bin ich ganz da, nicht nur in der Gegenwart, sondern auch präsent?
3. Bin ich frei, ohne Zwänge und ohne selbst gestrickte Denkmuster?
4. Bin ich ich selbst?

Nachdem Sie auf diesem Wege Ihre Bezugspunkte herausgefunden haben, können Sie dazu übergehen, alte unbewusste zu entfernen und neue zu wählen.

Bezugspunkte sind nichts Negatives.

Sie können diese zwar bewerten und der Auffassung sein, dass sie sich gut oder schlecht für Sie ausgewirkt haben, aber in

Wirklichkeit sind diese immer neutral.

Welche Bezugspunkte werden Sie sich nun schaffen?

Nehmen Sie sich bitte auch jetzt wieder Zeit und notieren Sie Ihre neuen Bezugspunkte.

Mein neuer genereller Bezugspunkt ab sofort ist:
Mein neuer beruflicher Bezugspunkt:
Mein neuer sportlicher Bezugspunkt:
Mein neuer persönlicher Bezugspunkt:
Mein neuer Bezugspunkt in der Beziehung:
Mein neuer geschäftlicher Bezugspunkt:
Mein neuer Bezugspunkt in der Ernährung:

Diese sind nun gewollt und bewusst gewählt und werden ab sofort Ihr Leben prägen. Sie werden erstaunt sein, was jetzt in Ihrem Umfeld alles passiert.

Wenn Sie alleine und nicht in einer Beziehung leben, ist das Thema mit den Bezugspunkten noch relativ einfach zu handhaben. Sollten Sie jedoch eine Beziehung haben, so wäre es sehr sinnvoll, dass Sie sich bewusst gemeinsame Bezugspunkte auswählen. Ohne dieses gemacht zu haben, wird es sehr schwierig werden, die Beziehung erfolgreich zu handhaben.

Ein Beispiel:

Es kann nicht der eine Partner einen hinduistischen und der andere einen katholischen Bezugspunkt haben.

Das hat mit Toleranz und Akzeptanz nichts zu tun. Die Auswirkungen eines Bezugspunktes kann man nicht unterdrücken, weil auf einer unbewussten Ebene Verhaltensweisen, Motive, Erwartungshaltungen und Vorstellungen initiiert werden und dann auch zum Ausdruck kommen. Diese Verhaltensweisen führen im Alltag zu Spannungen, Diskussionen, Rechthabereien und Streit bis zu dem Punkt, an dem einer von beiden psychisch nicht mehr kann. Die Trennung ist absehbar.

Mit einem Bezugspunkt von absolut gegenseitiger Freiheit im persönlichen Ausdruck könnte das Zusammenleben für dieses Paar eine gewisse Zeit funktionieren, nur stellt sich hierbei die Frage nach dem Sinn und Zweck der Partnerschaft. Das wiederum müsste an anderer Stelle untersucht werden.

Ich möchte jetzt noch auf die Frage eingehen, in welchen Situationen das Wissen über die eigenen Bezugspunkte Ihnen helfen kann. Grundsätzlich kann gesagt werden:

In jeder negativen Lebenssituation!!! Warum?

Ein Beispiel:

Wenn Sie in eine Beziehungskrise kommen, die in Ihrem Lebensplan (siehe Kapitel 8) angesagt ist, so stellt sich immer die Frage nach Ihrem Bezugspunkt. Haben Sie einen, so werden Sie ohne große Probleme durchkommen.

(Übrigens ... die Gründe, die zu dieser Krise geführt haben, sind für deren thematische geistige Auflösung ohne Bedeutung. Es ist nur wichtig, dass Sie die Krise haben, und die meisten von Ihnen werden mir bestätigen, dass diese Thematik, wenn Sie denn da ist, nicht so ohne weiteres ausgeblendet werden kann.)

In unserem Beispiel will sich ein Ehepartner nach dem Fremdgehen des anderen von ihm trennen. Der „normale Bezugspunkt" für die meisten Menschen in dieser Situation ist das eigene Ego. Warum?

Weil alle Entscheidungen, die jetzt getroffen, und alle Handlungen, die danach im Leben vollzogen werden, aus dem Gekränkt-, Verletzt- und Betroffensein (das sind alles Ego-Anteile) entstammen.

Das Ego des betrogenen Partners ist verletzt, es fühlt sich betrogen, nicht geliebt, getroffen, etc... Durch die große Verletzung und der damit verbundenen Schuldzuweisung wird es zur Trennung kommen, denn unser Ego handelt bekanntermaßen wie folgt:

„Ich wurde verletzt – betrogen – werde nicht geliebt – bin nicht schuld – will nicht verzeihen – trenne mich – gehe mit verletzten Gefühlen – verarbeite sie nicht – warte, bis Gras darüber gewachsen ist.“

Dieses Muster ist in dem Ego vieler Menschen einprogrammiert und **steuert als Bezugspunkt** die Entscheidungen und Handlungen der Betroffenen, die in diese Situation kommen.

Nehmen wir wieder unser Beispiel und gehen mit dem Bezugspunkt des „Ganzheitlichen Denkens“ an die Bearbeitung der Thematik, dann geschieht folgendes:

Der Mensch, der betrogen wurde, nimmt auf Grund des jetzt geänderten Bezugspunktes die Position des Beobachters ein (er nimmt das eigene Ego wahr). Das „Ich“ (Aspekt der Seele) distanziert sich von seinem eigenen Ego und schaut es an. Es sieht ein Wesen, das eine Auslösung für eine Beziehungsthematik bekommen hat. Die Thematik lautet:

- Sich nicht geliebt fühlen
- Enttäuscht sein
- Altes nicht loslassen können
- Angst vor dem Alleinsein
- Angst nicht mehr geliebt zu werden
- Ehre gekränkt und verletzt

Aus der Beobachterposition sieht sich das Ich diese Themen genau an und nimmt sie an, weil es weiß, dass diese Bereiche bis dato noch unerledigt im Unterbewussten geschlummert haben und jetzt zur Auslösung gekommen sind.

Annehmen bedeutet:

Mit ihnen im Alltagsgeschehen zu arbeiten.

Konkret heißt das zum Beispiel mit dem Punkt „Altes nicht loslassen können“: das Gefühl des Loslassens wahrzunehmen, es zu betrachten und beides – Festhaltenwollen und Loslassen (Pol und Gegenpol) – gleichberechtigt nebeneinander zu akzeptieren. Aus dem Prinzip der Ganzheitlichkeit weiß die betroffene Seele, dass sie kein Recht hat, etwas festzuhalten, aber das Ego tut es, da seine Grundhaltung „Getrenntsein vom Ursprung" ist.

Getrennt zu sein von seinem Ursprung ist aber ein Missverständnis, welches das Ego praktiziert, und genau dieses Missverständnis löst diese falsche Haltung aus. Ist das Missverständnis behoben, und das kann nur aus der neutralen Beobachterposition gelöst werden, so hat die Integration von Festhalten und Loslassen stattgefunden. Damit ist diese Thematik erlöst.

Mit dem gleichen Ansatz geht es nun mit den anderen Punkten weiter. Wenn alle aufgearbeitet sind, was sicherlich nicht von heute auf morgen geschieht (das Ego wird sich nicht so leicht damit zufrieden geben), ist diese Krise geheilt.

Sollten Sie das Glück haben, dass Ihr Partner mit dieser Krise genauso umgeht, dann können Sie Ihrem Leben dankbar sein, denn dann haben Sie Ihre Hausaufgaben beide gut gemacht.

Durch die Auflösung der gemeinsamen Thematik kann es jetzt wahlweise zur Fortsetzung der Partnerschaft oder auch zur Trennung kommen. Beides ist möglich, da der Zweck der Krise erfüllt wurde. Beide Wesen können sich jetzt lieben, und lieben können sie sich grundsätzlich auch dann, wenn sie sich getrennt haben. Dazu ist ja nicht die Fortführung der Partnerschaft notwendig.

Eines ist auf jeden Fall sicher, dass die Beziehung nach dieser Krise nicht mehr die gleiche sein wird wie davor. Sie wird auf einer völlig neuen Basis ausgetragen werden und eine neue Qualität mit sich bringen. Diese neue Qualität ist die Grundlage, auf der dieses Paar die Beziehung bewusst neu gestalten kann, wenn beide es möchten.

Prinzipiell ist zu sagen, dass Krisen nicht zu verhindern sind, sie sollen ja zur Veredelung Ihrer Person und zur Entwicklung Ihres Egos führen. Krisen sind nicht zufällige Ereignisse, die einfach so passieren, sondern wichtige Elemente, die zu unserem Alltag gehören, also bei ganzheitlicher Handhabung Potenzial freilegen.

Zur Handhabung von Krisen wird in Kapitel 9 beim Thema „Lebensplan“ konkreter eingegangen. Ich habe hier bereits dem Thema etwas vorgegriffen, aber **nur, um Ihnen die Tragweite hinsichtlich der verschiedenen Auswirkungen des gewählten Bezugspunktes zu verdeutlichen.**

7. In Bezug setzen

Dieses Thema hat mit Informationsverarbeitung zu tun.

Wenn wir Informationen über unsere Augen oder Ohren erhalten, dann werden sie von unserem Gehirn verarbeitet. Ich möchte hier nicht auf den physikalischen Weg eingehen, der sicherlich auch interessant ist, sondern über das schreiben, was bei uns Menschen bei der Verarbeitung von Informationen auf der geistigen Ebene geschieht.

Wir nehmen wieder ein paar Beispiele:

1. Sie erhalten von Ihrem Chef unerwartet die Kündigung Ihres Arbeitsvertrages, oder
2. Sie erhalten die Mitteilung, dass Ihr Kind bei einem Unfall schwer verletzt wurde, oder
3. Sie bekommen von Ihrem Arzt gesagt, dass Sie unheilbar krank sind.

Eine Frage dazu: Wie würden Sie diese Informationen unmittelbar nach Erhalt bewerten?

Antwort: Ganz sicher als **„negativ“**.

Ich möchte jetzt aufzeigen, wie Informationsverarbeitung bei uns Menschen geschieht.

Sie hören eine x-beliebige Nachricht und bewerten diese sofort (wie oben als Beispiel) als negativ oder positiv. Danach handeln (reagieren) Sie entsprechend. Wird nun dieses Handeln durch die Information oder durch die Bewertung bestimmt?

Ganz sicher durch die Bewertung.

Im Falle der drei Beispielsinformationen werden Sie diese als „negativ“ bewerten und
bei Beispiel 1: Zukunftsängste bekommen, etc...
bei Beispiel 2: Wut und Empörung empfinden, sowie

das Schlimmste befürchten, etc... und
bei Beispiel 3: sich selbst aufgeben und schon den Todestag prognostizieren, etc...

Die Reaktionen ließen sich beliebig ausdehnen, ich erlaube mir eine Kurzfassung; jeder von Ihnen kann sich die weiteren Handlungen selbst ausmalen und kennt sie eigentlich zu genüge.

Die Kernfrage ist jedoch, wie es zu dieser Bewertung kommt. Sie können etwas nur dann bewerten, wenn Sie dasjenige zu etwas ins Verhältnis, oder in Bezug setzen.

Ein Beispiel: Wetter.

Wie können Sie sagen, dass heute schlechtes Wetter ist?

Doch nur dann, wenn Sie

a) gutes Wetter kennen und
b) schlechtes dazu ins Verhältnis setzen, oder
c) es grundsätzlich, ob gut oder schlecht, in Bezug zu Wetter setzen.

Also: wenn Sie gutes (Sonnenschein) Wetter erwarten, und es kommt schlechtes (Regen), dann werden Sie das Regenwetter als „schlecht“ bezeichnen. Der Bauer jedoch, der schon lange auf Regen gewartet hat, wird Regenwetter als „gut“ bezeichnen.

Was ist es nun, wenn es regnet?

Gutes oder schlechtes Wetter?

Je nach dem, wozu Sie es in Beziehung setzen!!!

Übertragen wir nun das Beispiel mit dem Wetter auf die oben aufgeführten Beispiele, so hat der Betroffene seine Bewertung unbewusst zu etwas in Bezug gesetzt.

Bei Beispiel 1: zur Erwartungshaltung: Ich bleibe bei meinem Chef.

Bei Beispiel 2: zur Erwartungshaltung: Das Kind ist vorsichtig und es passiert ihm nichts.

Bei Beispiel 3: zur Erwartungshaltung: Ich bin gesund und bleibe es auch.

Wie Sie sehen, ist immer unbewusst eine Erwartungshaltung vorhanden, und wenn sie nicht erfüllt wird, wird sie **„negativ"** bewertet.

Was ist aber, wenn Sie die gleiche Information in Bezug zu etwas anderem setzen?

(Jetzt wird es interessant!!)

Bedeutende Frage:

Welchen Bezugspunkt müssten Sie haben, wenn die Bewertung der gleichen Informationen **„positiv"** ausfallen sollte?

Haben Sie eine Antwort gefunden???

Wenn Sie dieselben Informationen in Bezug zu „meine persönliche Entwicklung" setzen, wird als Bewertung auf jeden Fall **„positiv"** dabei herauskommen.

Bei Beispiel 1:

Durch die Kündigung werden Sie zwangsläufig(??) oder gewollt eine neue Arbeitsstelle suchen, sich dadurch vielleicht sogar finanziell verbessern, neue Kollegen bekommen, sich weiterbilden und zufriedener werden, etc...

Bei Beispiel 2:

Durch die Verletzung werden Sie mit dem Kind vielleicht wieder einen innigen Kontakt bekommen, alternative Heilweisen und Therapien kennenlernen, sich mit Heilung insgesamt beschäftigen, mit den Themen Schicksal und Zufällen auseinander setzen etc...

Bei Beispiel 3:

Durch die Nachricht werden Sie sicherlich eine tiefgehende Beschäftigung mit dem Thema Tod und Leben, Ernährung, alternative Heilweisen, Selbstheilungskräfte, Grenzen der Schulmedizin, etc... erfahren.

Alle Beispiele veranschaulichen, dass **nur** durch die Wahl des anderen Bezugspunktes eine völlig neue Situation entstanden ist, nämlich eine positive Betrachtung, und diese Handhabung führt in der Bewältigung der daraus folgenden Aufgaben zu einer komplett anderen Vorgehensweise.

Können Sie jetzt schon die Tragweite dieser Erkenntnis erahnen???

Nicht die Umstände oder Gegebenheiten sind es, die Ihnen die Probleme bereiten, sondern der unbewusste Umgang mit Ihrem Denken.

Ergänzend muss gesagt werden, dass Sie in dem Moment, in dem Sie den einen oder den anderen Bezugspunkt (hier in unserem Beispiel **die unbewusste Erwartungshaltung** oder alternativ **die persönliche Entwicklung)** gewählt haben, eine Entscheidung getroffen haben. Das Treffen dieser Entscheidung ist von großer Tragweite, denn sie ist für den weiteren Ablauf maßgebend. Leider wurde sie unbewusst getroffen, weil der Bezugspunkt alternativ gar nicht zu Verfügung stand, sondern lediglich die Erwartungshaltung gewählt wurde, was anschließend zur negativen Betrachtungsweise führte.

Mit diesem Hintergrundwissen können Sie jetzt bei jeder Information wählen, worauf Sie diese in Bezug setzen wollen.
Der Ablauf der Informationsverarbeitung verläuft nach dieser Erkenntnis immer wie folgt ab:

> Information – Entscheidung – Zu etwas in Bezug setzen – Bewertung weglassen – Handeln entsprechend dem Bezugspunkt – Weiterentwicklung Ihrer Persönlichkeit.

Sollten Sie die Tragweite dieses Themas verinnerlicht haben, bedarf es etwas Übung, bis Ihnen bei der Flut der Informationen die Umsetzung im Alltag immer gelingt.

Zwei Erkenntnisse von großer Bedeutung gibt es in diesem Zusammenhang:

1. Sie handeln jetzt bewusster und weniger unfrei.
2. Wenn sich alles auf die persönliche Entwicklung beziehen lässt, heißt das doch, dass es nichts „Negatives“ mehr für Sie gibt, es sei denn, Sie bewerten es als solches.

Anders formuliert heißt das:

„**Alles** ist gut so, wie es ist, nur Sie wissen es noch nicht!“

8. Freier Wille

In Kapitel 4 wurde das Thema „Sich zum Ausdruck bringen“ so behandelt, als wäre der freie Ausdruck so ohne weiteres und ohne Einschränkung möglich. Grundsätzlich kann ich Ihnen diese Grundaussage bestätigen, wenngleich wir sie etwas genauer untersuchen müssen, um zu prüfen, wie sie mit dem freien Willen in Einklang gebracht werden kann.

Nichts, denke ich, beschäftigt die Menschheit seit eh und je so sehr wie die Frage, ob es einen freien Willen gibt oder nicht.

Jeder Mensch möchte in seiner Willensausübung frei sein (die meisten denken auch, dass sie es sind), doch immer wieder kommt er in Situationen, in denen er merkt, dass manchmal Dinge anders laufen, als er sie gewollt hat.

Bei der Untersuchung, warum das so ist, kommen als Ursache schnell Begriffe wie: „Zufall, Schicksal oder Bestimmung“ ins Spiel. Damit sind die Vorkommnisse plausibel und werden ohne tiefergehendes Nachfragen oder eingehende Auseinandersetzung übergangen und abgetan. Es heißt zwar, immer dann, wenn etwas nicht gelingt, dass man ja nur richtig wollen muss oder eben seinen Willen richtig einsetzen soll, aber selbst da ist der eine oder andere mit seinem Latein manchmal am Ende. Die zentrale Frage ist und bleibt:

Gibt es einen freien Willen, ja oder nein?

Was wäre, wenn es ihn nicht gibt?

Die Menschen würden bald herausfinden, dass sie ferngesteuert sind und kein Interesse haben, ihr Leben selbst in die Hand zu nehmen.

Ihnen würden die Sehnsüchte nach einer „inneren Erfüllung“, das Vorwärtsgehen und das Suchen nach Glück und Vollkommenheit fehlen. Wo bliebe die uns innewohnende Kraft, jeden

Morgen aufzustehen, nach vorne zu schauen und sich für ein schönes paradiesisches Leben hier auf Erden einzusetzen?

Warum sollten sie sich für etwas einsetzen, wenn sie wissen, dass sowieso alles vorbestimmt ist, und jeder deshalb schon weiß, was alles auf ihn zukommt!

Was wäre, wenn alle wüssten, dass es den freien Willen gibt?

Dann würden sich die Menschen anstrengen und etwas erreichen wollen, auch wenn es **nur** Dinge auf Erden sind. Und genau das geschieht auch.

Die meisten nämlich gehen davon aus, dass sie einen freien Willen haben und verhalten sich entsprechend. In diesem Bewusstsein zu leben, fühlen sie sich wohl. Viele Menschen würden auch die Frage, ob sie einen freien Willen haben oder nicht, ganz klar mit „ja" beantworten.

Bei näherer Überprüfung stellen sich aber folgende Fragen:

1. Woher kommen diese Gedanken, etwas haben zu wollen?
2. Warum wollen wir gerade das und nicht etwas anderes?
3. Warum haben wir die Idee und nicht eine andere?
4. Warum denken alle Menschen etwas anderes?
5. Warum entscheiden wir so und nicht anders?
6. Warum erreichen wir trotz größter Anstrengungen unsere exakt festgelegten Ziele nicht?
7. Warum werden wir krank, war das gewollt?
8. Warum geschehen Dinge, die nicht geplant waren?

Viele Menschen haben sich vielleicht diese Fragen schon gestellt, aber dann aufgegeben nach Antworten zu suchen, weil sie keine zufrieden stellenden bekamen und sich mit dem abgefunden haben, was so ist, wie es ist.

Es bleibt dadurch bei dem herkömmlichen Weltbild und daran wird sich auch solange nichts ändern, bis der Mensch anfängt, ungehindert Antworten auf die geschilderten Fragen zu suchen.

Die Antworten darauf sind relativ einfach, denn sie kommen aus dem Innersten Ihres Daseins, dem Seelenbewusstsein und werden von dieser Ebene auch auf den Weg gebracht. Das Seelenbewusstsein steht wiederum mit dem göttlichen Schöpfungsprinzip in Verbindung, aus welchem die göttlichen Impulse zum vollkommenen Ausdruck entstammen.

Der Mensch bekommt also die Inputs, frei ist er in seinem Ausdruck. **Die Frage, ob es den freien Willen gibt oder nicht, kann nicht mit ja oder nein beantwortet werden, sondern nur mit: sowohl als auch.**

D.h. dass der Mensch einerseits als göttliches Wesen (Teil des göttlichen Schöpfungsplanes) existiert und somit ein Teil Gottes ist (bis hierhin unfrei), andererseits aber durch den Individualisierungsprozess und in der letzten Form der „Egobildung" völlig frei in seinem Ausdrucksvermögen ist.

Der menschliche Wille ist also der göttliche Wille in Aktion.

Wie sich dieser individualisierte Wille des Menschen bemerkbar macht und entfaltet, muss etwas differenzierter betrachtet werden.

Folgende Darstellung möchte ich als Untermauerung meiner bisher geschilderten These nehmen, um das ganze etwas klarer zu machen:

Bevor der Mensch in sein jeweiliges Leben inkarniert ist, hat er sich in völliger Bewusstheit seinen zukünftigen Lebensplan gewählt!!

Sehr wichtig dabei ist :

Er hat sich für ganz bestimmte Erfahrungs- und Erkenntnisprozesse entschieden, die ihm sehr wichtig sind. Wie er nun diese Prozesse macht, d.h. sie erlebt und gestaltet, ist von sekundärer Bedeutung, wird aber im nächsten Kapitel eingehend behandelt.

In dem Moment jedoch, in dem das Wesen als Mensch seinen Erdenauftritt beginnt und auch durchführt, hat er seinen Lebensplan vergessen. Er beginnt sich, so nach und nach, mit den irdischen Verhältnissen auseinander zu setzen, die jeweiligen Spielregeln anzunehmen und auch das dort am meisten verbreitetste Weltbild anzunehmen.

Ein ganzheitliches Weltbild ist ihm von seiner Geburt an fremd und seine Chancen, davon Kenntnis zu erlangen, sind sehr gering.

Das Einzige, was ihm von seinem Lebensplan noch in Erinnerung übrig geblieben ist, und das spürt er sehr klar, sind bestimmte Aspekte wie: Fähigkeiten, Neigungen, Qualitäten, Absichten, Ahnungen und Vorlieben. Diese führen ihn unbewusst (aber doch gewählt) zu seinen Erfahrungs- und Erlebnisprozessen hin, um seiner Bestimmung (eigene Wahl) gerecht zu werden. Innerhalb dieser Aktivitäten ist er völlig frei.

Der Mensch ist also sowohl frei in der Wahl eines bestimmten Lebens, als auch in der Art und Weise, wie er es zum Ausdruck bringt.

Unfrei ist er hinsichtlich seiner Urexistenz, also in dem, was er dem göttlichen Wesensprinzip nach ist. Das ist er also nicht als Mensch, sondern als Teil Gottes.

Die Freiheiten, Pflichten und Verantwortlichkeiten, die ihm in der Ausgestaltung seines Lebensplanes obliegen, werden Thema des nächsten Kapitel sein.

In diesem Kapitel wurde nur die Frage nach dem freien Willen untersucht. Wenn also das oben beschriebene Modell mit dem selbst gewählten Lebensplan stimmt, so wäre es ein Beweis dafür, dass es den freien Willen gibt. Vor allem deshalb, weil jeder von uns Menschen immer und immer wieder die Erfahrung gemacht hat, dass jeder unaufhaltsam seinen ureigensten Weg geht, ohne sich von irgendjemand oder von irgendetwas abbringen zu lassen. Damit ist nicht die Ausdrucksform der Sturheit gemeint, sondern das Ausleben der inneren Gewissheit, das für ihn Wichtige tun zu müssen.

Je bewusster ein Mensch wird, umso freier fühlt er sich und ist es auch. Weisheit und Wissen entfaltet sich ebenfalls in Abhängigkeit zur Bewusstwerdung. Gleichzeitig entfaltet sich auch die Verantwortung für das eigene und das Leben der Mitmenschen.

Ein wacher und bewusster Mensch wird Freiheit nicht missbrauchen, sondern sie im Dienste der Menschen einsetzen. Es wird das Leben mit seinen Herausforderungen dankbar annehmen, es wertschätzen und als kostbares Gut betrachten.

9. Lebensplan/Lebensthemen

Das, was wir Schicksal oder Bestimmung nennen, oder das, was uns „zufällig" geschieht, ist nichts anderes als die Auswirkung unseres Lebensplanes.

Wie ich bereits bei dem Thema „Freier Wille" erwähnt habe, hat jeder von uns vor Eintritt in sein jetziges Leben die für ihn wichtigen Erkenntnis- und Erfahrungsprozesse festgelegt. Dazu gehört, dass er schon vorher wusste, in welche Zeit er geboren wird, welche Umstände ihn erwarten und welche Menschen mit ihm auf der Lebensbühne zusammen sein werden, wozu selbstredend auch die Eltern ausgesucht wurden.

All das wollte er, damit seine Absicht verwirklicht werden kann. Dafür sind verständlicherweise gewisse Umstände und Verhältnisse erforderlich, um die Themen auch wirklich erleben zu können. Diese These ist so weitreichend, dass Sie sich zuerst einmal Zeit nehmen sollten, darüber nachzudenken, was das alles bedeutet.

Unser Leben wird so oft von dem Wörtchen „wenn" bestimmt; z.B.: „Wenn ich nur andere Eltern, eine andere Kindheit, eine andere Schulbildung, andere Geschwister oder einen anderen Chef gehabt hätte, wie gut ginge es mir dann."

Logisch gesehen sind diese „Wenns" verständlich, aber diese Gedanken kommen nur deshalb, weil wir unser Leben mit dem anderer Menschen vergleichen und sagen, wenn ich reiche Eltern gehabt hätte wie meine Schulfreundin Susi, dann ginge es mir jetzt finanziell besser. Fakt ist aber, dass Sie zum Beispiel keine reiche Eltern haben und es Ihnen vielleicht finanziell nicht gut geht. Somit nützt Ihnen das „wenn" auch nichts und deshalb ist es viel sinnvoller, sich folgende Frage zu stellen:

Warum geschieht mir genau das, was ich erlebe?

Eine mögliche Antwort könnte sein, weil sich Ihre Eltern nicht genügend angestrengt haben, kein Glück hatten und vielleicht zu den Verlieren zählen und genau deshalb fehlt es auch Ihnen am nötigen Geld. Das wäre zu einfach, wenngleich die Antwort schlüssig und logisch klingt.

Eine exakte Antwort kann es aber nur aus ganzheitlicher Betrachtung geben, nämlich unter Einbezugnahme des Seelenaspektes. Genau darin liegt die Erlösung Ihrer finanziellen Situation. (Ich werde anhand von Beispielen noch genauer auf diese Aussage eingehen.)

Solange Sie, wie die meisten Menschen, noch das Missverständnis haben, dass es in unserem Leben darum geht, glücklich, gesund und erfolgreich zu sein, und das Leben sonst keinen anderen Sinn hätte, solange werden Sie während Ihres ganzen Lebens Probleme haben, unzufrieden und unglücklich sein.

Entscheidend für unser Leben ist, dass wir unseren Lebensplan erkennen, danach leben und unsere Hausaufgaben machen, die wir gewollt in unser Leben mitgebracht haben.

In dem Maße, wie Sie das schaffen, werden Sie sich innerlich mit sich im Einklang fühlen, unabhängig davon, was um Sie herum geschieht und welche Lebensverhältnisse und Umstände da sind. Nach Beendigung Ihres Lebens werden Sie nicht gefragt, wie viel Geld Sie auf Ihrem Konto haben, welche Immobilien, Schmuck und Autos Sie besitzen, sondern Sie werden sich selbst gegenüber stehen, sich mit sich selbst vergleichen und fragen: Habe ich das, was ich wollte, erreicht und war mein Leben erfüllt???

Dort angekommen werden Sie von keinem „Gott" oder auch von keinem anderen Wesen beurteilt, ob Ihr Leben gut oder schlecht war, ob Sie jetzt in den Himmel oder Hölle kommen und auch nicht für irgendetwas, was Sie in Ihrem Leben getan haben, bestraft.

Sie haben Ihren freien Willen und werden ihn für immer und ewig behalten.

Anhand verschiedener Beispiele möchte ich verdeutlichen, was mit diesem Lebensplan gemeint ist.

Sie wollen zum Beispiel in Ihrem zukünftigen Leben Geduld lernen. Das gelingt am besten natürlich dann, wenn Sie immer wieder mit Situationen konfrontiert werden, bei denen Geduld erforderlich ist.

Zum Beispiel: Sie warten beim Arzt, auf den Zug, auf eine Verabredung, auf einen Hauskäufer, auf eine Bestellung, auf einen Arbeitsplatz, auf einen Geschäftsabschluss etc.

Sie haben bei diesen Gelegenheiten immer die Wahl, entweder Geduld zu üben (lernen) oder Widerstand zu leisten und sich zu ärgern. Diese Umstände geschehen so oft, bis Sie erkannt haben, dass alles seine Zeit hat, es einen richtigen Zeitpunkt gibt und deshalb Geduld erforderlich ist. Von dieser Art der Lebensthemen gibt es unendlich viele und um herauszufinden, welche Sie, liebe Leser, haben, ist es wichtig, sich sein Leben etwas genauer anzuschauen.

Menschen, die mit dem Thema „Geduld" zu tun haben, sagen: ich bin ungeduldig.

Andere sagen:
ich bin unruhig,
ich werde stets enttäuscht,
ich werde nicht geliebt,
ich bin arm,
ich bin unglücklich,
ich bin unzufrieden,
ich fühle mich unfrei,
ich werde nicht geschätzt,
ich fühle mich ohnmächtig,
ich kann nicht verzeihen,
ich fühle mich einsam,
ich kann mich nicht entscheiden,
ich fühle mich blockiert.

Sie drücken damit immer eines ihrer vielen Lebensthemen aus. Diese Aufzählung könnte beliebig fortgesetzt werden. Stellen Sie Ihre eigene zusammen! Sie werden erstaunt sein, was da alles zu Tage kommt.

Aussagen wie:
Ich komme immer wieder an denselben Punkt...
Mir begegnet immer wieder dasselbe...
Ich komme einfach nicht voran...
Ich komme immer wieder an dieselben Leute...
bedeuten, dass derjenige irgendwo in der Bewältigung seines Lebensplanes stehen geblieben ist, nicht erkannt hat, welches Thema vorliegt, und deshalb nicht weiterkommt. Es ist nicht so, dass die Menschen unveränderliche Eigenschaften und Charaktere haben, die so bleiben müssen; es liegt an jedem Einzelnen, ob er diese beibehalten oder auflösen möchte.

Dieses geschieht zuerst durch Wahrnehmung und dann durch Bearbeiten in der Situation. Wenn der jeweils von der Situation Betroffene es richtig macht, wird er feststellen, dass ihm dieses Thema nicht mehr begegnen wird und wenn, dann hat es keine Bedeutung mehr für ihn.

Ich möchte an der Stelle nochmals ausdrücklich betonen und auch darauf eingehen, wie wichtig es ist, o.g. Kernaussage „Wir wollen in diesem Leben spezielle Erkenntnis- und Erfahrungsprozesse machen“ richtig zu verstehen.

Kein Mensch wählt für sein zukünftiges Leben bewusst Leid aus, um sich zu schaden, sondern er wählt ganz bestimmte Umstände, um dadurch etwas zu erfahren und zu erkennen.

Diese bestimmten Lebensumstände oder -verhältnisse dürfen auf keinen Fall mit Erfahrungs- und Erkenntnisprozessen verwechselt werden.

Ein Beispiel: Eine Frau wählt für ihr Leben einen Partner aus, der kurz nach den ersten Ehejahren durch einen Unfall stirbt. Sie befindet sich noch in der Phase des Verliebtseins und fällt dadurch in große Trauer. Die ganze Welt wird für sie zusammenbrechen, sie wird Gott verfluchen, sich allein gelassen fühlen, Wut, Sinnlosigkeit, Enttäuschung, Leid und Schmerzen erfahren, darin eine Bestrafung sehen und sich sicherlich von der Gesellschaft zunächst isolieren.

(In diesem Beispiel verdeutlicht der Tod des Mannes die Umstände/Verhältnisse. Diese wiederum führen zu den Themen, und die bewusste Auseinandersetzung damit zu der gewollten Erfahrung oder Erkenntnis!!!)

Welche Themen erlebt sie nun?

Trauer
Loslassen müssen
Wut
Hass
Sinnfindung
Isolation
Liebe
Schmerz
Gott spielen
Akzeptanz
Tod und Leben
Sich öffnen
Verdrängen
Umgang mit Gefühlen
Verzweiflung

Mit diesen Themen wird diese Frau, ungeachtet ihrer Lebenseinstellung oder Konfession, für eine Zeit beschäftigt sein. Vielleicht wird sie psychologische oder psychiatrische Hilfe in Anspruch nehmen, Trauerbewältigung praktizieren, etc. Auf jeden

Fall wird sie es sehr schwer haben, mit einer „normalen Lebenseinstellung“ aus diesen Themenbereichen herauszukommen.

Wie geht sie nun mit einer ganzheitlichen Betrachtungsweise in einer derartigen Situation um? Fakt ist:

- Der Unfall mit tödlichem Ausgang ist passiert.
- Die o.g. Themen tauchen auf.

Sie kann jetzt entweder:

a) wie gewohnt handeln oder
b) eine ganzheitliche Betrachtungsweise anwenden.

Was geschieht im Falle a):
Die Frau identifiziert sich mit den Themen und erlebt Schmerz, Trauer und Leid. Das kann sie sogar dramatisieren und wird lange Zeit nicht mehr darüber hinwegkommen. Sie wird isoliert sein, sich vom Leben abschotten, eine ziemlich negative Haltung haben und unter Umständen sogar selbst krank werden.

Weitere Ausführungen sind nicht notwendig, da jeder von den Lesern solche oder ähnliche Erfahrungen schon gemacht hat.

Was geschieht im Falle b):
Mit einer ganzheitlichen Betrachtungsweise weiß Sie, dass Sie alles, was in ihrem Leben geschieht, selbst gewählt hat. Ja es geht sogar so weit, dass sie sich mit den Beteiligten weit vor ihrer jeweiligen Geburt abgesprochen und die gegenseitigen Erfahrungs- und Erkenntnisprozesse verabredet hat. Und das gilt grundsätzlich! (Für mich übrigens immer wieder erstaunenswert, mit welcher Präzision und Vollkommenheit die Geschehnisse hier auf Erden ablaufen.)

Das heißt also in unserem Beispiel:

1. Es gibt eine Seele (der Mann), die sich vor der menschlichen Geburt entschieden hat, in dem vor ihr liegenden

Leben ihren Körper durch einen Unfall abzugeben. Sie kann ja nicht sterben, da sie als Geistwesen unsterblich ist. Sie entfernt sich also nach dem physischen Tod von der Erde, um sich neuen Aufgaben zu stellen. Da der Körper sowieso vergänglich ist, ist die Sache für sie auch nicht weiter tragisch. Die Wahl, dieses zu tun, war, wie wir vorhin gehört haben, abgesprochen und löste klarerweise Konsequenzen für die Hinterbliebenen aus, und damit kommen wir zu:

2. Es gibt eine Seele, die auf der Erde zurückgeblieben ist (die Frau) und jetzt mit den bereits aufgeführten Themen konfrontiert wird. Diese Themen zu erleben und zu erfahren, hatte sie sich vor Eintritt ins Erdenleben gewählt. Damit dies geschieht, bedarf es jedoch eines Mitspielers. Dieser Mitspieler ist der Mann und dieser tat dies aus höchster Liebe zu ihr selbst.

   Aus dieser Sicht wäre es nicht angemessen, auf den Mitspieler böse und wütend zu sein. Außerdem nicht traurig, voller Leid und Schmerz. Vor allem nicht, ihn geistig festzuhalten und womöglich Gott vorzuschreiben, dass so etwas nicht sein darf.

Der Fairness wegen sollten wir der Zurückgebliebenen zugute halten, dass sie sich an diese Abmachung vor der Geburt nicht mehr erinnert und sie einfach vergessen hat.

Die Folgen, die aus dem Vergessen entstehen, schaden letztlich all denjenigen, denen eine ganzheitliche Betrachtungsweise in ihrem Leben fehlt.

Weiter in unserem Beispiel stellt sich nun für die Frau zur ganzheitlichen Bearbeitung der Themen folgende Aufgabe:

Sie geht jetzt in die Rolle des Betrachters und stellt sich die bereits bekannte Frage:

Warum geschieht mir genau das, was ich jetzt erlebe?

D.h.: dass sie sich jetzt nicht mit diesen oben aufgeführten Themen identifiziert, sondern diese einfach anschaut (Betrachterposition einnimmt).

Viele Menschen missverstehen das und meinen, man müsse jetzt in ein gegenpoliges Verhalten wechseln. Genau das ist nicht der Fall, sondern es geht jetzt wirklich darum, sich an die Beantwortung der Frage: „Warum geschieht mir genau das?" zu machen.

Die Antwort lautet klar und deutlich für die Frau:

Weil sie genau diese Themen **jetzt** erfahren, erleben und erkennen möchte. Nämlich genau diejenigen, die oben aufgeführt sind und vor ihrer Geburt bewusst gewählt wurden. Diese gilt es jetzt, da die Umstände in ihrem Leben eingetreten sind einzulösen!

Zur Verdeutlichung möchte ich folgendes ergänzen:

Es gibt das Gesetz der Polarität, auf welches wir noch gesondert eingehen werden. Wir kennen und erleben es auf unserer Wirklichkeitsebene:

groß – klein
dick – dünn
Trauer – Freude
Hass – Liebe
arm – reich
Leid – Freude
usw.

Würde die Frau jetzt nicht ganzheitlich denken, sondern wie oben dargestellt traurig sein, so würde sie den negativen Pol der Polaritätsebene in Anspruch nehmen. Jetzt gilt es nicht den positiven Pol zu wählen, sondern in die Mitte zu kommen. Das geschieht dadurch, indem sie die Betrachterposition einnimmt.
Sie betrachtet die Wut, aber ist sie nicht.

(Es ist ein gravierender Unterschied, ob sie die Wut auslebt, also ist, oder ob sie diese wahrnimmt, aber nicht verdrängt, sondern sie genau anschaut.)

Mit derselben Vorgehensweise geht sie auch an die Bearbeitung der anderen Themen. Sie muss (da sie jetzt vorliegen) diese Qualitäten spüren und erfahren. Sie kann sie nicht wegknipsen, darf sie aber auch nicht verdrängen sondern muss sie anschauen und **dadurch integrieren.**

Durch diese Handlungsweise fällt Licht auf den Schatten, wodurch das jeweilige Thema erlöst wird. Der betroffene Mensch (hier die Frau) hat ihr Lebensthema innerhalb ihres Planes bearbeitet und ist energetisch nicht mehr blockiert, sondern frei.

Meines Erachtens ist für die Bearbeitung solcher und ähnlicher Probleme keine Psychotherapie oder ähnliches notwendig, das richtige Anschauen und Arbeiten damit genügt.

Manche Menschen sagen, das sei viel zu rational, zu kalt und ohne Gefühle. Die Frage stellt sich dann aber, wie derjenige mit seinen Gefühlen umgeht, ob er bewusst dabei ist, oder, wie oben dargelegt, eben unbewusst handelt.

Es stellt sich auch die Frage, ob die bisherigen Methoden zur Hilfestellung wirkliche Hilfe gebracht haben und ob der Mensch dadurch sein weiteres Leben erlöst von der Situation erleben konnte?

Die meisten Menschen werden sich üblicherweise mit der Sache „abfinden", einfach damit abfinden, was bleibt ihnen denn sonst übrig. „Es ist nun mal so, was kann man daran schon ändern." So oder ähnlich denken die meisten in dieser Situation.

Das oben aufgeführte Beispiel kann natürlich durch jede x-beliebige andere Lebenssituation ersetzt werden. Die Vorgehensweise zur Bearbeitung der Themen bleibt immer dieselbe.

Ich möchte nun mit nachfolgender Skizze die Thematik mit dem Lebensplan und den Lebensthemen noch einmal konkreter veranschaulichen:

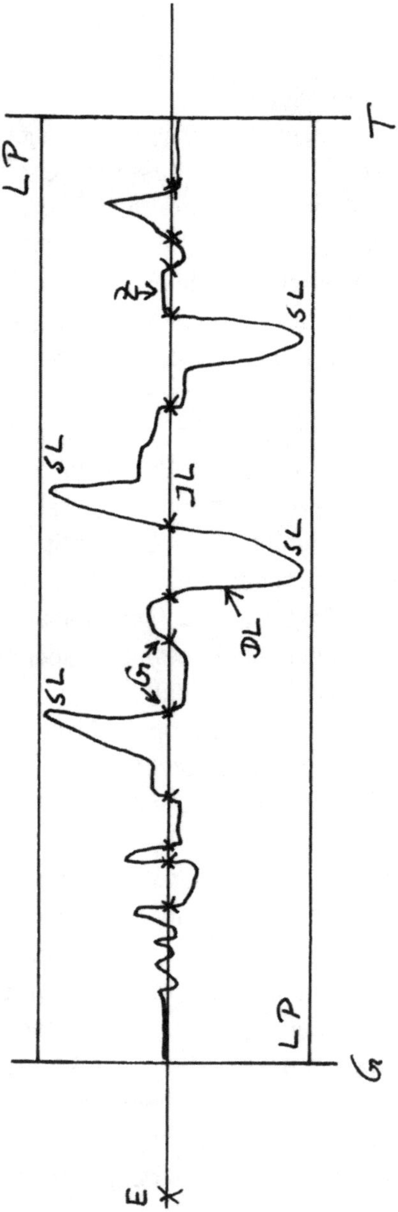

Skizze: Beispiel einer möglichen Lebensgestaltung

Erläuterung:

E: Ist der Zeitpunkt der Entscheidung für den Lebensplan des kommenden Lebens mit den damit verbundenen Erkenntnisprozessen
LP: Leitplanken auf unserem Lebensweg; hier hört unsere Freiheit auf
IL: Ideale Lebenslinie; diese Linie würden wir beschreiten, wenn wir exakt in Übereinstimmung mit unserem Innersten wären
DL: Durchgeführter Lebensweg; diesen Weg gehen wir, das ist unsere Freiheit innerhalb der vorgewählten Entscheidung
SL: Schmerz- und Leidpunkte; an diesen Stellen sind wir zu weit vom Weg abgekommen, hier tut es weh. Das sind Schicksalsschläge, schwere Krankheiten, Notsituationen, daher Umkehrpunkte
G: Glücks- und Wohlfühlmomente; hier sind wir auf unserer IL
Z: Zufriedenheitsmomente; hier fühlen wir uns zufrieden und spüren, dass es für uns stimmt
G: Geburt
T: Tod

Die Erfahrungs- und Erkenntnisprozesse sind in der Grafik nicht eingezeichnet, da sie ständig stattfinden und nicht an eine bestimmte Situation auf der Skizze gebunden sind. Unabhängig davon hätten sie die Grafik verfälscht wiedergegeben und Sie, liebe Leser, wären nur verunsichert.

Wichtig zu DL (Durchgeführter Lebensweg):

Die dargestellte Linie ist eine Möglichkeit von unendlich vielen. Wir Menschen haben die Freiheit unser Leben innerhalb der LP selbst zu gestalten.

Es liegt also in unserer Wahl, uns möglichst nahe an der IL aufzuhalten oder ständig an der LP. Im unbewussten Zustand sind wir oft von unserer IL entfernt, vor allem, wenn wir Schmerz, Leid und große Probleme erfahren.

Einen Aspekt möchte ich in dem Zusammenhang noch erläutern. Es stellt sich doch sicherlich die Frage, **warum** nach der Geburt die Inhalte der Entscheidung über die gewählten Erkenntnis- und Erfahrungsprozesse vergessen werden?

Prinzipiell ist das gut so, denn, wenn wir Menschen alles wüssten, was zu bewältigen ist, dann würden wir garantiert versuchen, manches zu verhindern oder zu umgehen. Die Konsequenz wäre, dass wir unsere Erkenntnis- und Erfahrungsprozesse nicht erhalten würden.

Je mehr wir von unserem unvollkommenen Teil, unserer Persönlichkeit dem Ego, abgebaut und uns dem vollkommenen Teil in uns anvertraut haben, um so mehr öffnet sich der Zugang zu unserem Innersten und damit auch zu unserer ursprünglichen Entscheidung, an die wir uns im Laufe des Lebens, immer bewusster und bewusster werdend, erinnern können. Die Folge daraus wird sein, dass wir im Laufe der Zeit nicht mehr eingreifen, sondern das Leben so annehmen, wie es kommt.

Das heißt, dass wir sehr eng an unserer IL entlang gehen werden und dadurch weniger Widerstand und Energieverlust haben. Wir reagieren dann nicht mehr, sondern agieren aus uns selbst heraus. Mit normalem Denken betrachten wir die Lebensumstände als Probleme, Schicksalsschläge oder ungewollte Ereignisse. Wir sehen sie nicht als „wichtig“ an, sondern als etwas „Unnützes“, weshalb wir versuchen, sie zu eliminieren und zu verhindern. Durch eine ganzheitliche Denkweise fällt das alles weg.

Zu dem Zeitpunkt, an dem ich mir selbst die Auswirkungen des Lebensplanes bewusst machte, entstand in mir Hoffnung, Zuversicht und Vertrauen in Gottes Führung.

Ich spürte, dass alles einen Sinn bekommt, auch wenn er mir anfänglich bewusst noch nicht zu Verfügung stand.

Ich lernte die Lebensumstände zu relativieren und sie einzuordnen als das, was sie sind, nämlich Werkzeuge für Erfahrungen und Erkenntnisse, die ich gewollt hatte und Aufbaustufen für das weitere Leben sind.

Wenn Sie, liebe Leser, an dieser Stelle die Erkenntnis gewinnen konnten, dass die Lebensbewältigung auch ganz anders sein kann als bisher von Ihnen angenommen, dann werden Sie wie „Phönix aus der Asche steigen“ und geistig neu geboren werden.

10. Verantwortung

Mit Beginn unseres Daseins auf Erden haben wir gelernt, dass es Schuld gibt. Das bedeutet für uns, einen bequemen Lebensweg zu haben. Warum?

Weil wir auf diesem Wege alles von uns abweisen und einem anderen zuschieben können.

Als Erstes ist natürlich der liebe Gott schuld daran, dass wir bei so blöden Eltern gelandet sind. Wären diese zumindest reich gewesen, wäre ja alles gut und schön.

An unserer „verkorksten" Kindheit ist natürlich die Umgebung (Gesellschaft, Land, Region, Eltern, Geschwister, Kindergarten, Schule, Lehrer, Freunde, etc.) schuld.

Wenn wir keine Lehrstelle bekommen, liegt es an der Wirtschaft, wenn wir nicht studieren können, am Schulsystem.

An der problematischen Beziehung ist der Partner, am unsicheren Arbeitsplatz der Arbeitgeber und an den hohen Zinsen die Bank schuld.

Für unseren kranken Körper übernehmen wir schon gar keine Verantwortung, dafür sind die Mediziner zuständig.

Die finanziellen Probleme ordnen wir dem geizigen Chef, dem mangelnden Glück in der Lotterie oder der fehlenden Erbtante zu.

Für alle anderen Ereignisse finden wir auch immer sofort einen Schuldigen; was wir nicht zuordnen können, verdanken wir dem Schicksal oder es ist eben Zufall.

Zusammengefasst sind wir also immer das Opfer oder der Spielball anderer, für deren Launen wir nichts können. Eigentlich eine trostlose Situation, aber wie bereits erwähnt, bequem, denn man hat ja für alles einen Schuldigen und ist damit der Verantwortung entledigt. Getreu nach dem Motto:

„Lieber im gewohnten Elend als im ungewohnten Glück."

Schuld im geistigen Sinne gibt es nur in Verbindung mit dem Thema:

Gebote – Sünde – Schuld

Ich fühle mich schuldig, weil ich gesündigt habe, weil ich Gebote verletzt habe. Schuldig möchte ich aber nicht sein, deswegen schiebe ich es auf andere.

Es gibt jedoch noch die Streber oder diejenigen, die vom Glück verfolgt sind und denen alles zufließt; auf die sind wir verständlicherweise neidisch. Diese fallen unserer Auffassung nach etwas aus der Reihe.

Anstrengender ist es natürlich, eine andere Art des Denkens und Handelns zu pflegen, wenn wir Verantwortung für unser komplettes Leben übernehmen wollen. Das jedoch passt mit unserer angelernten „Schuld-Prinzip"-Denkweise nicht überein. Es ist aber die Konsequenz aus der oben dargelegten Thematik „Freier Wille und Lebensplan".

Verantwortung für das eigene Leben zu übernehmen ist ein Qualitätsmerkmal für eine fortgeschrittene Wesenheit. Es ist nicht Verantwortung für manche Bereiche gemeint, sondern vollständig und ganz für alles. Es ist ein weiter Weg bis zu diesem Punkt, es ist ein Ausstieg aus dem „Gehen im Londoner Nebel", es ist eine Entscheidung, die lautet: „So nicht mehr!"

Es ist die Erkenntnis: „So ist es eigentlich."

Man ist aus dem Nebel ausgestiegen, sieht sich über den Wolken und versteht plötzlich, warum und was da so alles im dichten Nebel passiert.

Gleichzeitig erwacht auch der Wunsch, diese Sichtweise anderen mitzuteilen. Die Erfahrung jedoch ist, dass die Angesprochenen im Nebel nichts sehen. Argumente zählen nicht, es sei denn, jene sind bereit, den Schritt in die Ungewissheit zu gehen und nur einmal durch die Wolkendecke zu schauen. Falls sie so viel Bereitschaft und Mut zeigen und den ersten klaren Blick erhascht haben, wird in Ihnen der Wunsch immer größer, sich dort ständig aufzuhalten.

Mein persönlicher Wunsch ist es, dass möglichst viele Menschen sich den Blick einmal gönnen; es würde sich dadurch vieles auf der Erde ändern.

Ist also die Erkenntnis für die Bereitschaft zur Übernahme der Selbstverantwortung da, ändert sich im Leben des Einzelnen alles. Die Übernahme der Selbstverantwortung löst das Konzept mit der „Schuldzuweisung“ ab.

Was bedeutet Verantwortung?

Ich nehme die „Antwort“ = Tat, Handlung oder die Unterlassung aus meinem Verhalten zunächst einmal wahr.

D.h.: In dem Augenblick, in dem ich meinen persönlichen Ausdruck wahrnehme oder das sehe, was in mein Leben eingetreten und für mich von Bedeutung ist, ob durch mich oder andere verursacht, erkenne ich dieses als das zu mir Gehörige an. Es stammt von mir und gehört deshalb zu mir.

Fast alle Menschen ordnen einen Großteil der Dinge, die in ihrem Leben eintreten, nicht sich selbst, sondern dem Zufall oder ihrem Schicksal zu und trennen diese damit von ihrem Leben ab.

Sollten Sie sich entscheiden (und dann auch so handeln), wirklich für **alles**, was in Ihr Leben kommt, die Verantwortung zu übernehmen, sind Sie erwacht. Ab diesem Augenblick werden Sie ein anderes Leben erleben und neu geboren sein.

Sie werden ab diesem Zeitpunkt anderen keine Vorwürfe mehr machen, sie verurteilen oder beschimpfen und die Erledigung der wahrgenommenen Angelegenheiten nicht mehr den anderen übertragen wollen, sondern die Dinge bei sich lassen und sich selbst darum kümmern. Das gleiche gilt für Ärger, Streit, Disharmonien und Probleme im zwischenmenschlichen Bereich und auch für eigene Fehler, deren Auswirkungen Sie den Mitbetroffenen nicht mehr aufbürden werden.

Die Frage stellt sich jetzt, wie Sie die Übernahme der Selbstverantwortung in Zukunft handhaben werden.

Es gibt zwei Ebenen:

1. Die physische (Ebene der Handlungen, Taten)
2. Die mentale (Ebene der geistigen Bearbeitung)

Ein Mensch, der wirklich Verantwortung für sein Leben übernommen hat, wird auf beiden Ebenen entsprechend handeln.

Beispiel:
Sie parken Ihr Auto während des Besuchs eines Cafes auf der Strasse. Als Sie nach einer Stunde wieder zu Ihrem Fahrzeug zurückkommen, stellen Sie fest, dass es ein anderer Autofahrer beschädigt und Fahrerflucht begangen hat.

Das „normale“ Denken und Handeln vollzieht sich jetzt nach dem Schuldprinzip. Die Sachlage ist eindeutig, der geflüchtete Fahrer ist schuld, der Fahrzeugbesitzer nicht. Damit ist die Handlung zugeordnet, die üblichen Maßnahmen werden jetzt eingeleitet, wie z.B. Polizei und Versicherung benachrichtigen, Werkstatttermin ausmachen und Auto reparieren lassen.

Für den normal denkenden Menschen ist jetzt die Sache erledigt. Er hat alles, was auf Ebene 1 zu tun ist, gemacht. Ebene 2 wird jedoch unberücksichtigt bleiben.

Der ganzheitlich denkende Mensch, der die Verantwortung auf allen Ebenen trägt, wird auf Ebene 1 das Gleiche tun, aber sich zusätzlich noch mit Ebene 2 beschäftigen und sich folgende Fragen stellen:

1. Warum ist mir das geschehen?
2. Welche Bedeutung hat es für mich?
3. Warum ziehe ich solch ein Ereignis an?
4. Welche Erfahrung soll ich damit machen?

Er geht damit weder der Schuldfrage aus dem Wege noch ignoriert er die Verantwortung auf Ebene 1. Auf Ebene 2 wird er ganz andere Aspekte erkennen können.

Um es weiter zu verdeutlichen: Nehmen wir einmal an, Sie fahren mit Ihrem Pkw einem anderen Fahrzeug hinten auf, weil Sie unaufmerksam und zu schnell waren. Übertragen auf Ihre Lebenssituation bedeutet dieses:

Sie sind in Ihrem Lebensprozess (Denken und Handeln) zu schnell unterwegs. (Für die Deutung solcher oder ähnlicher Angelegenheiten verwenden wir das gleiche Prinzip, wie es in Kapitel 12 unter dem Themenbereich „Schattenbearbeitung“ beschrieben ist.)

Die Aufgabenstellung daraus:

Sie müssen langsamer, bewusster und mit mehr Achtsamkeit durchs Leben gehen. Diese Botschaft gilt es zu sehen, womit Sie die Verantwortung für Ihr Leben auch auf Ebene 2 übernehmen. Im oben geschilderten Beispiel mit der Fahrerflucht bedeutet dieses im übertragenen Sinne analog:

Es hat Sie jemand auf der geistigen Ebene angefahren und ist unerkannt verschwunden. Er hat Ihnen mental „Schaden“ zugefügt. Wenn Sie jetzt Ihr Leben auf der geistigen Ebene exakt analysieren, werden Sie diese „Attacke“ sehen können. Es gilt jetzt herauszufinden, wo Sie geistig angefahren worden sind und was das für Sie bedeutet.

Es geht immer nach dem gleichen Grundsatz: Das, was wir auf Ebene 1 erleben und erfahren und für uns bedeutungsvoll ist, haben wir auf Ebene 2 nicht rechtzeitig und bewusst erkannt und deshalb widerfährt es uns auf Ebene 1, um es uns auf diesem Wege bewusst zu machen. Damit erhalten wir eine erneute Chance, das zu tun, was wir auf der geistigen Ebene längst hätten tun sollen.

Normalerweise sind solche Ereignisse oder Vorkommnisse auf Ebene 1 in unserem Tagesablauf mit sehr viel Emotionalität,

Wut, Ärger, Frustration und Unverständnis behaftet. Wir begeben uns damit in einen negativen Strudel und werden empfänglicher für weitere ähnliche Dinge.

Mit einer erwachten Haltung und Verantwortung für Ihr Leben gilt es jetzt, neutral als Beobachter an die Angelegenheiten heranzugehen. Die eventuell entstehende Emotionalität darf weder verdrängt noch unterdrückt, sondern sollte angenommen werden, als das, was sie ist. Bei richtiger Betrachtung wird sie erst gar nicht aufkommen. Sie sehen einfach die Botschaft dieses Ereignisses. Es ist das, was es ist und wie es ist.

Ob das der Mensch, der Ihnen die Situation beschert hat, auch tut und was er tut, ist völlig unbedeutend. Sie bleiben bei sich und kümmern sich um sich selbst.

Goethe hat einmal gesagt:

„Alles Sichtbare im Leben ist ein Gleichnis!"

Ein Gleichnis wofür?

Für eine andere, die geistige Ebene, die für uns nach dem normalen, angelernten Denken nicht sichtbar ist. Wir erhalten auf diesem Wege Botschaften und Informationen und in der Konsequenz Deutungsmöglichkeiten.

Es wird sicherlich einige Zeit dauern, bis Sie mit dieser Art des Denkens auf beiden Ebenen vertraut sind, aber wenn es einmal „Klick" gemacht hat, geht es sehr schnell mit der Umsetzung.

Zurück zur Handhabung:
Auf Ebene 1 wird verständlicherweise die Sache nach den Regeln des menschlichen Zusammenlebens hier auf Erden und den geltenden von Menschen gemachten Gesetzen abgehandelt, mit allem was dazugehört.

Die Art und Weise, wie Sie mit Ebene 2 umgehen, liegt in Ihrer Hand. Tatsache ist, dass die Ergebnisse Ihres Handelns auf

Ebene 2 nur für Sie von Bedeutung sind, und darum geht es.

Ich möchte zu diesem Thema noch ein paar weitere Aspekte ergänzen, um es mit einem anderen Beispiel noch klarer werden lassen. Wenn es in Ihrer Beziehung, am Arbeitsplatz, in der Kindererziehung, im Freundeskreis und im Nachbarschaftsbereich nicht so funktioniert, wie Sie es gerne hätten, dann beträgt Ihr Anteil daran immer mindestens 50 %.

Und diesen 50 % Eigenanteil gilt es gerecht zu werden.

Ich kenne ganz wenige Menschen, die sagen können: Ich stehe zu meinen Handlungen oder Unterlassungen mit aller Konsequenz (sowohl auf der physischen wie auch auf der geistigen Ebene). Die meisten oder fast alle Menschen suchen sich bei Versagen, Fehlern, Misserfolg, Fehlschlägen, Missgeschicken, und weiteren negativen sie selbst betreffenden Ereignissen immer Erklärungen, Rechte und Argumente, um ja keine Verantwortung dafür übernehmen zu müssen.

Das am weitesten verbreitete Verhalten ist diesbezüglich, den gemachten Fehler nicht einzugestehen. Die Worte:

„Ich habe einen Fehler gemacht und ich stehe dafür gerade" höre ich ganz selten von Menschen, genauso wenig stelle ich fest, dass diese auch die Konsequenzen dafür übernehmen.

Das Grundproblem scheint darin zu liegen, dass die Menschen davon ausgehen, dass alles was sie tun, richtig und gut ist. Wenn aber eben genau dieses Verhalten zu einer Beziehungskrise oder einem zwischenmenschlichen Konflikt, gleich welcher Art führt, dann verstehen sie die Welt nicht mehr.

Davon auszugehen, dass alles, was Sie tun, richtig und gut ist, ist schon etwas vermessen. Wer aber klar und logisch denken kann, muss doch allein auf Grund der Tatsache, dass er daran beteiligt ist, sehen, dass sein Verhalten zumindest zu einem gewissen Prozentsatz dazu beigetragen hat.

Wenn Sie der Auffassung sind, dass Sie richtig gehandelt und gedacht haben, werden Sie natürlich bei einer verbalen Auseinandersetzung kein anderes Argument annehmen können. Sie werden nur **Ihre** Standpunkte verteidigen, auch wenn alles dabei zu Bruch geht. Und genau das nimmt derjenige sogar in Kauf, auch wenn ihn hinterher Leid, Schmerzen und große Probleme erwarten (z.B.: Scheidungsangelegenheiten).

„Ich habe recht und die anderen sind schuld!"; das ist die Devise. Ist das nicht paradox?

Warum stellt der auf seiner Meinung beharrende Mensch nicht einmal seinen eigenen Standpunkt in Frage?

Es wäre so einfach, wenn er in der jeweiligen Situation die Beobachterposition einnehmen würde und seinen Standpunkt sehen könnte, ohne eine Bewertung mit „richtig" oder „falsch" dazu abzugeben.

Ein Beispiel dazu:

Person A hat eine bestimmte Meinung, genannt: blau.

Diese Meinung „blau" ist die Ursache für eine Beziehungskrise mit Person B. A verteidigt blau und ist überzeugt, blau ist richtig und gut. Es gibt nun Vorwürfe, Streit und Rechthaberei. Nachdem A bei blau bleibt, entscheidet B, sich scheiden zu lassen. A versteht das nicht und macht Ärger, weil blau ja gut ist und B das nicht verstehen will. Weil A Ärger macht, entscheidet sich B dies ebenfalls zu tun, weil A es auch tut ... etc.

Schmerz und Leid beginnt.

Ohne auf kommunikative Regeln in diesem Beispiel einzugehen, was später gesondert behandelt wird, möchte ich beim Thema Verantwortung bleiben.

Wenn Person A tatsächlich Verantwortung für ihr Leben, in diesem Fall für die Farbe blau, übernimmt, dann geht sie in die Beobachterposition und schaut sich blau an und fragt zum Beispiel:

Wie kam ich zu blau?

Warum bestehe ich darauf?

Warum ändere ich es nicht?

Die Folge könnte sein, dass sie die Farbe mit grün austauscht, weil sie erkannt hat, dass sie die ganze Angelegenheit auch anders sehen könnte.

(Ich möchte an dieser Stelle die Verbindung herstellen zu unserem Thema „Weltbild": auch dort wurde auf diese Verfahrensweise eingegangen.)

Getreu nach der Aussage „Ich vertrete den gegenwärtigen Stand meines Irrtums" kann Person A doch ihren „Irrtum" korrigieren; oder etwa nicht?

Nach der gewollten Korrektur von Person A wird es jetzt eine Übereinstimmung der Betrachtungsweise geben, Person A und B verstehen sich und die Beziehungsthematik wäre aufgelöst.

Sie werden jetzt bestimmt einwerfen und sagen, dass das nicht Übernahme von Verantwortung ist, sondern „Unterwerfung" oder „Unterordnung" oder unter die Rubrik „Keine eigene Meinung haben" fällt.

Das sind die üblichen Verhaltensweisen, die zu dem Muster „Ich muss eine eigene Meinung haben, sonst bin ich in der Gesellschaft nichts wert", gehören. Dabei wird aber immer davon ausgegangen, dass das Verändern der eigenen Meinung etwas Negatives sei und nicht ein Zugewinn (leider ein Missverständnis mit fatalen Folgen).

Warum werden Menschen stur?

Weil sie ihre Meinung ständig ändern?

Nein: Weil sie Recht haben wollen und bei ihrer Meinung bleiben wollen.

Ob Sie nun die Farbe grün oder blau sehen, welche Rolle spielt das schon, welche von beiden ist richtiger?

Es ist einfach anders!!

Wäre das nicht ein Weg, um Verantwortung für das Leben zu übernehmen?

Einstein hat einmal gesagt:
„Es ist leichter ein Atom zu zertrümmern als ein Vorurteil!"

Das Vorurteil ist Bestandteil meiner Meinung!

Wenn Sie also für Ihre geistige Sichtweise Verantwortung übernehmen, ist die Umsetzung relativ einfach zu handhaben. Das heißt: Hat es einmal „Klick" gemacht, dann in allen Bereichen!

Dadurch haben Sie Verantwortung übernommen:

In Ihrem Inneren für:
Ihr Denken
Ihre Gefühle
Ihr Verhalten
Ihre Probleme
Ihre innere Harmonie

Im Äußeren für:
Ihr Handeln und Unterlassen
Ihre Gesundheit
Ihre Beziehungen
Ihre Freunde
Ihre materiellen Verhältnisse

Und somit für Ihr ganzes Leben

Schuld darf nicht mit Verantwortung verwechselt werden. Das Wort „Schuld" ist negativ belastet. Wir sind nicht schuldig an etwas, wir haben nicht wider besseren Wissens gehandelt und haben auch keine Verbote verletzt; deshalb können wir auch nicht schuldig sein.

Wir leben in einem bestimmten Maße bewusst oder unbewusst. Wir können nur in Abhängigkeit unseres Bewusstseins anders handeln. Wenn Sie es nicht wissen, erleben Sie Leid und Schmerz, wenn Sie bewusst sind, brauchen Sie diese Lernmethode nicht mehr.

Je bewusster Sie als Mensch werden, umso mehr entwickelt sich auch das Gefühl der Verantwortung.

Je mehr Sie sich mit dem Thema Verantwortung auseinander setzen, umso schneller kommen Sie zu dem Punkt, an dem es „klick" macht. Hat es „klick" gemacht, beginnt ein neues Leben.

Es gibt Anhaltspunkte anhand derer Sie den Grad des Verantwortungsbewusstseins eines Menschen erkennen können:

1. Ich kann von anderen nur das verlangen, was ich selbst bereit bin zu tun oder zu unterlassen.
2. Ich lasse mich an dem messen, was ich sage und dann tue.
3. Wort und Tat sind für mich eins.
4. Ich bin ehrlich, auch wenn ich dadurch Nachteile erlebe.
5. Ich stehe zu meinen Fehlern und kann um Verzeihung bitten.
6. Ich akzeptiere und toleriere alle Menschen so, wie sie sind.
7. Ich erwarte nichts von anderen.
8. Ich strebe nach Wachheit.
9. Ich sehe immer mindestens zwei Seiten.
10. Ich respektiere das „Ich" und toleriere das „Ego".
11. Ich bin authentisch.
12. Ich liebe, was ich tue.
13. Fairness ist wichtiger als persönlicher Vorteil.
14. Ich weiß, dass durch mich das Ganze beeinflusst wird.

Zu dem Thema Verantwortung gehört selbstverständlich auch der Begriff „Freiheit".

Durch die Übernahme der Selbstverantwortung sind Sie frei. Da Sie einen freien Willen haben, können Sie auch der Verantwortung sich selbst gegenüber gerecht werden.

Bleiben Sie jedoch in dem herkömmlichen Schuldprinzip-Denken verhaftet, so geben Sie die Macht an andere ab; die Folge ist: Sie sind unfrei. Also spielt sich Freiheit ganz klar in unserem Kopf ab und nicht in den äußeren Bedingungen.

Mit dem Recht des freien Willens haben Sie auch die Pflicht zur Verantwortung für Ihr Leben. Den meisten Menschen ist nicht bewusst, dass sie im Grunde genommen frei sind, und deshalb ist ihnen die Übernahme der Verantwortung für ihr Leben nicht so wichtig. Die meisten denken, dass sie, solange es noch Schicksal und Zufall gibt, sowieso wenig Einfluss haben, und deshalb strengen sie sich auch nicht sonderlich an, ihr Leben wirklich in den Griff zu bekommen.

Menschen, die sich für ihr Leben verantwortlich fühlen, stellen sich u.a. auch die Frage, inwieweit das menschliche Dasein nicht irgendwelchen Regeln unterworfen ist.

Dieses Thema und die folgenden Fragen beschäftigen die Wissenschaftler und die ganze Menschheit schon lange:

1. Ist alles nur Zufall oder gibt es ganz klare Gesetzmäßigkeiten, nach denen sich alles gestaltet?
2. Welches Prinzip oder welche Ordnung steuert die Abläufe auf der Erde?
3. Gilt das nur für die Erde oder sind diese übertragbar auf den Kosmos?

Im folgenden Kapitel wollen wir den Fragen auf den Grund gehen.

11. Geistige Prinzipien

Der Alltag soll uns Freude bereiten und keine Last sein.

Um das zu praktizieren, wäre es doch vorteilhaft, wenn die Bedingungen auf der Erde allen Menschen eine gerechte Umsetzung ermöglichen würden.

Ist so etwas denkbar?

Doch nur dann, wenn das Zusammenspiel unter den Menschen nach gleichen, gerechten und nachvollziehbaren Prinzipien stattfinden würde. Sie werden bestimmt schon beobachtet und festgestellt haben, dass sowohl Ihnen, als auch Ihren Nachbarn, Freunden oder anderen Menschen Schicksalsschläge, unerwartete Ereignisse oder auch Glücksfälle begegnen.

D.h., dass wir alle sowohl den gleichen Möglichkeiten als auch den gleichen Wahrscheinlichkeiten ausgesetzt sind, und zwar im negativen wie im positiven Sinne. Die Lebensgrundlage ist zwar für jeden Menschen unterschiedlich, aber die Bedingungen, das eigene Leben zu gestalten, sind für alle gleich. Möglich ist das Ganze deshalb, weil wir alle denselben Prinzipien unterworfen sind. Diese wiederum sind glücklicherweise nicht von Menschen gemacht worden, sondern existieren von Anbeginn der Zeit.

Leider ist diese Thematik im Lehrplan unserer Schulen nicht vorgesehen. Somit ist die Chance, davon überhaupt Kenntnis zu erlangen, sehr gering. Sofern Sie einer Konfession angehören, sind Ihre Chancen diesbezüglich schon größer. In den Kernaussagen aller Religionen sind diese Prinzipien enthalten. Leider hat sich bis heute noch niemand die Mühe gemacht, diese zu sammeln und sie allen Menschen zugänglich zu machen.

Wir können vieles, was auf der Erde geschieht, mit unserem „normalen Denken“ nicht verstehen, auch die Dinge nicht zuordnen, weil wir das übergeordnete Ganze nicht sehen können.

Geistige Prinzipien machen transparent.

Sie lassen Gesetzmäßigkeiten erkennen, die überall, für alle gleich und für jeden gelten. Prinzipien bringen dazu Klarheit.

Wir wollen diese nun im Einzelnen betrachten.

Die sieben grundlegenden Prinzipien:

- **I. Das Prinzip der Geistigkeit**
- **II. Das Prinzip der Entsprechung**
- **III. Das Prinzip der Schwingung**
- **IV. Das Prinzip der Polarität**
- **V. Das Prinzip des Rhythmus**
- **VI. Das Prinzip von Ursache und Wirkung**
- **VII. Das Prinzip des Geschlechtes**

Zu I. Das Prinzip der Geistigkeit:
Das erste Prinzip lehrt uns, dass alles im Kosmos Geist ist. Aus Geistsubstanz wurde „Alles“ geschaffen, ist „Alles“ und wird auch in Zukunft so sein.

Alles, was wir wahrnehmen, besteht aus verschiedenen Formen. Diese stellen sich als materielle Gebilde dar und sind, egal wie dicht sie uns erscheinen, in ihrer Ursubstanz aus geistiger Energie entstanden und bleiben es. Aus naturwissenschaftlicher Sicht betrachtet ist selbst der dichteste Stoff auf der atomaren Ebene nichts Festes mehr. Es ist bekannt, dass die Zwischenräume zwischen den Protonen und den Neutronen nicht mehr aus fester Materie bestehen, sondern „nur“ noch aus Energie (Geistsubstanz).

Am leichtesten können Sie sich das Ganze vorstellen, wenn Sie sich gedanklich jeden Körper mikroskopisch betrachten und sich ihn als atomares Gebilde vorstellen. Vor Ihrem geistigen Auge wird ein ähnliches Bild entstehen, wie wenn Sie nachts bei völliger Dunkelheit einen Sternenhimmel betrachten würden.

Es gibt also nichts, was nicht Geist ist, es gibt also nichts außerhalb von dem Allen. Die Geistsubstanz beinhaltet, wie bereits dargelegt, Schöpfer und Schöpfung. Auf unsere Ebene als Mensch übertragen bedeutet das:

Wir sind als Geistwesen aus der Schöpfung entstanden, sind ein Teil der Schöpfung, aber auch gleichzeitig wieder Schöpfer und somit auch mit geistigen Fähigkeiten ausgestattet, Welt zu erschaffen, sie zu bewegen und sie zu verändern.

Zusammengefasst bedeutet dieses Prinzip:

Geist ist der Ursprung und die Grundlage allen Seins. Materie ist stofflich gewordener Geist.

Zu II. Das Prinzip der Entsprechung:

Das Prinzip der Entsprechung bedeutet, dass sich alles im Kosmos auf allen Ebenen entspricht. Es wird auch das Gesetz der Analogie genannt und meint, dass das, was auf einer Ebene vorhanden ist, auch auf anderen existiert und alles analog auf alle Ebenen übertragen werden kann.

Wenn Sie davon ausgehen, dass alle Menschen ein Bewusstsein haben, dann können Sie ebenfalls annehmen, dass auch Tiere, Pflanzen, Moleküle, Atome genauso wie Familien, Nationen, die Erde, die Planeten und auch das ganze All ein Bewusstsein haben. Es ist sicher unterschiedlich, aber trotzdem vorhanden.

Das Prinzip der Entsprechung bedeutet weiterhin:

Wie im Kleinen, so im Großen.
Wie innen, so außen.
Wie unten, so oben.

Deutlich wird das Letztere am Beispiel der Astrologie:

Das, was sich am „Himmel“ durch die Planetenkonstellationen ausdrückt, findet sich auf der Erde exakt wieder. Wenn Sie sich ein Horoskop von einem Astrologen erstellen lassen, wird er

Ihnen anhand der Planetenkonstellationen, bezogen auf Sie, exakt sagen können, welche Qualitäten bei Ihrer Geburt vorhanden waren oder auch derzeitig sind.

Durch diese Kenntnisse haben Sie Orientierungspunkte für Ihre Lebensgestaltung und finden sich stets leichter zurecht. Sie erfahren dadurch, welche Talente Sie mitgebracht haben, welche Potenziale in Ihnen stecken, welche Schattenbereiche es gibt, was Sie blockieren könnte und was Ihre vorherrschenden Themenbereiche sind. Ihre Lebensgestaltung wird somit erleichtert und Sie haben immer Leitplanken.

Das Prinzip der Entsprechung schafft somit Transparenz.

Wichtig dabei ist: Bei dem Gesetz der Entsprechung geht es nicht um Kausalität, sondern um Analogie. Das bedeutet für das Beispiel der Astrologie:

Nicht die Planeten sind die Ursache für das menschliche Schicksal; aber durch die jeweiligen Konstellationen kann gesehen werden, welche Qualitäten sowohl oben als auch unten auf der Erde vorhanden sind.

Ein weiteres Beispiel zum Prinzip der Entsprechung:

„Wie drinnen, so draußen“, oder umgekehrt: „Wie draußen, so drinnen.“ So wie es in unserem Geiste aussieht, so sieht es auch in unserem Umfeld aus. Habe ich zum Beispiel chaotische äußere Lebensverhältnisse, so habe ich dasselbe auch im Geiste. Bin ich innerlich geistig klar, so habe ich auch klare äußere Lebensverhältnisse.

Zu III. Das Prinzip der Schwingung:

Dieses Prinzip bedeutet, dass alles im Kosmos schwingt, das heißt, dass nichts in Ruhe, sondern alles in Bewegung ist.

Es erklärt weiterhin, dass sich die Unterschiede der einzelnen physischen Erscheinungen, Gedanken und geistigen Energien durch den Grad der jeweiligen Schwingungen ergeben. Sie können dieses Prinzip bei den Tönen sehr leicht erkennen. Je tiefer der Ton, umso langsamer schwingt er, je höher, desto schneller schwingt er. Je höher die Schwingung wird, umso mehr entfernen Sie sich aus der sogenannten physischen Welt der Erscheinungen und nehmen natürlich die Schwingungen mit unseren physischen Sinnen auch nicht mehr wahr und umso mehr kommen Sie in den geistigen Bereich, zu dem Sie nur mit geistigen Qualitäten Zugang bekommen können. Sie können auf der Erde auch nur das sehen, was der Frequenz der Augen entspricht (!!)

D.h.: Sie können Materie nur mit den materiellen Augen sehen. Geistige Aspekte können Sie nur mit geistigen Sinnen „sehen". Unsere Ohren sind nur auf eine bestimmte Frequenz eingestellt, unsere Augen ebenfalls. Wenn Sie also etwas nicht hören oder nicht sehen können, heißt das noch lange nicht, dass es nicht existiert.

Das ist übrigens das Problem, das viele Menschen haben, die sagen, ich glaube nur, was ich sehe. Sie klammern all das aus, was ihr physisches Wahrnehmungsfeld überragt und begrenzen sich damit in ihrer Wahrnehmung selbst.

Was bedeutet dieses Prinzip weiterhin für Sie?

Sie können lernen, durch Ihre geistige Wahrnehmung diese unterschiedlichen Schwingungen zu erfassen.

Das, was ein Mensch ausstrahlt, ist eine bestimmte Schwingung. Diese ändert sich durch unser Denken und Fühlen. So können Sie Ihre eigene Schwingung durch Ihr Denken und Fühlen verändern und somit auch das, was Sie an Schwingungen abgeben. Durch die Steigerung Ihrer Sensibilität, die ausgebildete Wahrnehmung, die Empfangsbereitschaft und die Feinfühligkeit haben Sie einen stets verbesserten Zugang zu anderen Quellen (Schwingungen).

Somit können Sie nicht nur die Schwingungen eines Menschen wahrnehmen, sondern auch die Hektik einer Stadt, die Ruhe eines Waldes, die Atmosphäre eines Restaurants oder die Qualität einer Firma.

Alles im Kosmos ist in Bewegung und nichts ist in Ruhe. Wenn Sie das einmal annehmen können, wissen Sie, dass nichts statisch ist, sondern alles in Bewegung und veränderbar.

Zusammengefasst bedeutet dieses Prinzip für Sie:

Alles ist nur Schwingung und beinhaltet eine bestimmte Qualität. Es liegt an uns, sie zu erfassen.

Zu IV. Das Prinzip der Polarität:
Alles innerhalb unserer Wirklichkeit ist polar. Sie kennen es:

Hell	–	dunkel
Ausatmen	–	einatmen
Chaos	–	Ordnung
Lärm	–	Stille
Positiv	–	negativ
Gut	–	schlecht
Plus	–	minus
Liebe	–	Hass,
usw...		

Polarität versteht sich als gespaltene Einheit. Die beiden Pole sind nur die beiden Seiten ein und derselben Medaille. Beide gehören zusammen und können nicht voneinander getrennt werden. Ein Beispiel:

Sie können nicht einfach „nur“ einatmen.

Das Einatmen **bedingt** das Ausatmen. In dem Moment, in dem Sie einen Pol aktivieren, aktivieren Sie gleichzeitig den Gegenpol.

D.h.: Gut kann es nicht ohne Schlecht geben. Positiv nur in Verbindung mit Negativ. Sie können den einen Pol nur deswegen benennen, weil es den anderen gibt. Wenn Sie einen von beiden eliminieren wollen, vernichten Sie den anderen.

Polarität bringt Sie in Zeit und Raum, denn die Aufspaltung

der Einheit hat zur Folge, dass zunächst der eine und dann der andere Pol entsteht. Beide Pole sind nicht gleichzeitig erfahrbar – wenn, dann nur in der Einheit, in welcher die Gegensätzlichkeit vereint ist. Durch diese Aufspaltung entsteht Zeit und damit Raum und damit Leben und Rhythmus. Auf das Gesetz des Rhythmus werden wir später eingehen.

Solange Sie beide Pole gleichberechtigt nebeneinander stehen lassen können, gibt es für Sie auch keine Probleme, sondern erst dann, wenn Sie einen der beiden Pole belasten, indem Sie sich z.B. für Ordnung aussprechen und das für besser halten als Unordnung. Das bringt automatisch „Unordnung" auf den Plan und je mehr Sie gegen „Unordnung" kämpfen, umso mehr haben Sie damit ein Problem.

Sie erleben dies dadurch, dass Sie beispielsweise einen unordentlichen Partner haben; genauso gut ist es möglich, dass Sie unordentliche Kinder oder Arbeitskollegen haben. Jede Aktivität, die Sie gegen Unordnung unternehmen, ist ein Schritt in ein sinnloses Unterfangen, weil es auf dieser Ebene nicht gelöst werden kann. Geben Sie jedoch der Unordnung die gleiche Berechtigung wie der Ordnung, so wird das Thema Ordnung/Unordnung aus Ihrem Leben verschwinden und für Sie keines mehr sein.

Wenn Sie beispielsweise sehr aktiv sind, werden Sie automatisch Inaktivität in Ihrer Umgebung erleben und sich ständig über diese inaktiven Leute aufregen.

Wenn Sie sich einige Zeit mit dieser Thematik beschäftigt haben, werden Sie nach kurzer Zeit lustige Erfahrungen machen, da Sie genau sehen werden, wo Ihre Mitmenschen ihre unbewussten dominanten Betonungen der jeweiligen Pole haben. Um sich selbst besser kennen zu lernen, ist es sinnvoll all die Dinge aufzuschreiben, über die Sie sich aufregen. Denn genau der damit verbundene Gegenpol findet durch Sie eine zu starke Betonung. Die Lösung ist, durch die Anerkennung der Gleichberechtigung beider Pole in die Mitte zu kommen, wodurch sich dann, bei einem erfolgreichen Vollzug, der Gegenpol nicht mehr bemerkbar macht.

Das Prinzip der Polarität hat über das Gesagte hinaus noch eine weitere Funktion: **Erkenntnis zu erhalten.**

Wachstum, Entwicklung und Entfaltung unserer Persönlichkeit vollzieht sich über den Weg der Erkenntnis. Wenn Sie etwas getan haben, was sich nachher als Fehler herausstellt, haben Sie etwas erkannt. Etwas, was Sie zunächst als richtig empfunden haben, erweist sich nachher als falsch. Erkennen können Sie das aber nur deshalb, weil Sie den Gegenpol erleben. („Falsch" können Sie nur deshalb sagen, weil Sie „richtig" kennen.)

Durch dieses Prinzip, dem Sie sich nicht entziehen können, da unser Bewusstsein ebenfalls polar ist, entsteht Welt, Wahrnehmung, Entwicklung und Erkenntnis. An dieser Stelle sei nur kurz der Hinweis zu dem Thema „Sich zum Ausdruck bringen" in Kapitel 4 erlaubt.

Zusammenfassung:

Wir wurden als Menschen in dieses Prinzip der Polarität und natürlich auch alle anderen Prinzipien hineingeboren, ohne zu wissen, wie wir damit umgehen sollen. Durch diese Unwissenheit entstehen unsere Probleme und damit die Last des Alltages.

Zu V. Das Prinzip des Rhythmus:

Rhythmus ist, wie bereits erwähnt, aus dem Prinzip der Polarität entstanden. Durch die beiden Pole gibt es Bewegung und Bewegung bringt Rhythmus. Das Einatmen folgt dem Ausatmen und dem Ausatmen folgt das Einatmen usw.

Leben, Tod, Leben, Tod…

Sonnenaufgang, Sonnenuntergang, Sonnenaufgang…

Dieser Rhythmus vollzieht sich im ganzen Kosmos auf allen Ebenen und in allen Bereichen. Sie erleben das Entstehen und das Vergehen von Welten, das Aufblühen einer Gesellschaft und deren Niedergang. Das Florieren einer Firma und deren Untergang. Es gibt ein ständiges Geborenwerden und ein Sterben. Es gibt nichts Statisches im Kosmos. Statisches Denken und Fixiertheit ist das Aufhebenwollen des Rhythmus. Rhythmus und Fließen gehören zusammen. Wer das Fließen blockiert, blockiert Leben.

An der Arbeitsweise eines Pendels können wir Rhythmus nachvollziehen. Die Pendelkraft in die eine Richtung ergibt die Kraft in die andere Richtung. Sie bestimmt den kontinuierlichen Rhythmus. Die Kraft dahinter, die den Pendel antreibt, ist die Lebenskraft (Geistigkeit/Energie) als Grundprinzip. Diese bestimmt das Werden und Vergehen und den Fortgang dessen.

Alles, was extrem in eine Richtung gelebt wird, äußert sich irgendwann als Extrem in die andere Richtung. Wenn Sie z.B. „Workaholic" geworden sind und nichts anderes mehr kennen als arbeiten, werden Sie irgendwann zum Aussteiger, nämlich dann, wenn das Pendel umkehrt.

Den extremen Ausschlag eines Pendels bestimmen Sie selbst. Wenn Sie den Pendelweg zeichnerisch darstellen, so sehen sie ein Auf und ein Ab. Die Höhe der Amplitude ergibt sich durch das Extreme. Dass ein solches Verhalten (extrem zu sein) mehr Energie als üblich kostet, versteht sich von selbst. Nur Sie können bestimmen, wie hoch der Ausschlag sein soll. Je mehr Sie zur inneren Mitte kommen, umso geringer ist der Ausschlag.

Haben Sie dieses Prinzip erkannt, so lassen sich viele Dinge und Abläufe in Ihrem Leben besser verstehen.

Oft laufen Dinge nicht nach Plan: Sie wollen irgendetwas durchsetzen, fühlen sich mal gut drauf, mal weniger gut, sind in guter oder in schlechter Stimmung, körperlich fit oder weniger, geistig in Hochform und dann wieder ganz unten.

Wenn Sie diesen Rhythmus erkennen, kämpfen Sie nicht mehr dagegen an. Sie wissen, an welcher Stelle Sie auf Ihrer Kurve sind.

Sie kennen bestimmt Ihren Biorhythmus; allein damit lässt sich Welt verstehen.

Mit Hilfe des Prinzips der Analogie (Entsprechungsprinzip) können Sie jetzt die Erkenntnisse auf all Ihre anderen Lebensbereiche übertragen und diese verstehen lernen.

Zusammengefasst bedeutet das für Sie:

Es gilt das Leben im Fluss zu halten, Fixierungen aufzulösen, den Rhythmus zu erkennen und sich auf Berg- und Talfahrt zu sehen.

Zu VI. Das Prinzip von Ursache und Wirkung:
Jede Wirkung hat ihre Ursache und jede Ursache ihre Wirkung. Das haben Sie bestimmt schon oft gehört. Kennen Sie auch die Konsequenzen daraus? Die Konsequenz wäre, sich von dem Gedanken des Zufalles zu verabschieden, denn Zufall ist nichts anderes als ein Wort für unbekannte Gesetzmäßigkeiten.

In dem Wort „Zu-fall" allein ist schon die Kausalität begründet, denn **zu Fall bringen** legt nahe, dass etwas geschehen (verursacht) ist, was Wirklichkeit (zu Fall gebracht) werden wird. Dieser Begriff hat leider im Laufe der Zeit seine Bedeutung verloren und wird von den Menschen unwissentlich eingesetzt.

Alle Geschehnisse im Kosmos unterliegen der Kausalität. Sie sehen die Schöpfung vor sich, also muss auch ein Schöpfer vorhanden sein. Wäre alles Chaos, gäbe es Zufälle und wir hätten keine Prinzipien. Das Wort „Kosmos" stammt aus dem Griechischen und bedeutet Ordnung. Es ist beruhigend zu wissen, dass wir Menschen in einer geordneten Wirklichkeit leben können, in der es Prinzipien wie das der Kausalität gibt, da dadurch die Gestaltung des Lebens möglich ist und das Schöpfungsprinzip wirksam sein kann.

Diese Tatsache erleichtert Ihnen nicht nur das Leben, sondern gibt Ihnen Perspektive, Kraft und Zuversicht. Sie können aufatmen in dem Wissen, dass Sie frei sind und dies nur realisieren müssen. Auch hier zeigt Ihnen das Prinzip der Entsprechung auf, dass Sie als Mensch durch die Anwendung des Prinzips von Ursache und Wirkung Schöpfer sind, wie auch auf der göttlichen Ebene Gott Schöpfer ist.

Sie erleben also im ganzen Kosmos das Schöpfungsprinzip in Aktion. Was Sie oft nicht sehen können, sind die Zusammenhänge zwischen der Verursachung und der eintretenden Wirkung, da dazwischen viel Zeit liegt.

Hermann Hesse hat einmal gesagt:

„Von allem sind wir nur durch Zeit getrennt.“

Das bedeutet, dass zwischen der Verursachung und der Wirkung zwangsläufig eine Zeitspanne verläuft, die abhängig ist von verschiedenen Faktoren.

Ein Beispiel:

Wenn Sie die Ursache für einen neuen Partner setzen, indem Sie ihn sich genau vorstellen und ein klares Bild davon machen, werden Sie Zeit brauchen, bis dieser in Erscheinung tritt. Die Umsetzung von Ursachen benötigt immer Zeit. Geist (Idee) wird Stoff (Wirklichkeit). Wann, wo und wie das geschieht, können Sie dem Prinzip überlassen, da dieses nur Verwirklichung kennt und so geschaffen wurde, dass es nicht denkt und selbst schöpft, sondern allein und ausschließlich nur für die Umsetzung sorgt.

Ist es nicht traumhaft zu wissen, dass Sie auf die geistigen Prinzipien vertrauen können???

Was Sie dazu brauchen, ist selbstverständlich Geduld. Der Traumpartner wird nicht gleich vor der Türe stehen oder in der nächsten Disco abzuholen sein. Es bedarf der richtigen Entsprechung (!!!) um die Verbindung aufzubauen und die Verwirklichung einzuleiten.

Der Vollständigkeit wegen muss hier erwähnt werden, dass das nur dann funktioniert (mit dem Partner und natürlich auch alles andere), wenn es mit Ihrem Lebensplan übereinstimmt.

An dieser Stelle möchte ich jetzt auf das Thema „Lebensplan“ hinweisen. Sie werden bestimmt erkennen, dass Ihr Leben die Wirkung der von Ihnen gesetzten Ursache vor der Geburt ist. Bevor Sie wieder auf die Erde kamen, haben Sie Ihre Erlebnis- und Erkenntnisprozesse verursacht und innerhalb des Lebens zusätzlich neue Ursachen gesetzt, um sie zu verwirklichen.

Wie Sie sehen, passt alles zusammen. Ihr Leben ist die Wirkung der von Ihnen selbst gesetzten Ursache. Jetzt wird verständlich, was vorhin mit „Zusammenhänge erkennen“ gemeint war. Sie wissen oft nicht, wann, wo und welche Ursachen gesetzt worden sind.

Nach dem Prinzip der Entsprechung gilt das Gesagte natürlich im Kleinen wie im Großen. D.h.: Die Menschen verursachen als Einzelpersonen etwas Bestimmtes. Mehrere Menschen verursachen als Gemeinschaft etwas, genauso verursachen Nationen und sogar wir als Menschen auf der Erde insgesamt etwas.

So erleben wir als Menschen auch das, was andere vor uns oder sogar wir selbst vor langer Zeit in Übereinstimmung mit dem göttlichen Prinzip verursacht haben und was jetzt Wirklichkeit wird. D. h.: Wir Menschen erleben das „Sowohl als auch“, wir verursachen und erleben gleichzeitig die Wirkung von etwas Verursachtem. Wir sind also: Schöpfer und Geschöpfte.

Der Schöpfungsakt wird bei uns Menschen mit Hilfe von Gedanken und Gefühlen durchgeführt. Die Gedanken beinhalten eine bestimmte Qualität. Sie sind die Samenkörner, die in den Kosmos gestreut werden, um sich dort zu manifestieren. Hinzu kommen eine bestimmte Art von Gefühlen, bewusst gewählt, um den Prozess zu unterstützen. Die Gedanken schaffen die Strukturen, die Gefühle bilden die Konstrukte aus. Der Verwirklichungsprozess braucht Zeit und hängt von der Intensität der Verursachung und der Übereinstimmung mit dem Lebensplan ab. Wichtig ist es, nochmals zu erwähnen, dass nur die Gedanken und Gefühle Wirklichkeit werden, die mit Ihrem Lebensplan übereinstimmen.

Grundsätzlich sind zwei Dinge voneinander zu trennen und zu unterscheiden.

1. Es gibt Reizziele, die wir durch unsere Sinnesorgane von außen erhalten. Ein Beispiel: Sie sehen ein tolles Auto, ein schönes Haus, eine tolle Frau/Mann und wollen es haben. Also entscheiden Sie sich, das zu verursachen. In den meisten Fällen wird das nicht gelingen. Es passt nicht in Ihren Lebensplan.
2. Es gibt Herzensziele, die von innen heraus kommen. Diese werden sich fast von selbst verwirklichen, auch ohne große Kraftanstrengung, weil sie sowieso zu Ihnen passen.

Es gilt also, sehr feinfühlig zu werden und die Intuition zu verbessern, um mit ein wenig Übung unterscheiden zu lernen, was sich in Ihrem Tages-Bewusstsein abspielt, damit Sie sich die für Sie passenden Ziele stecken. Wenn Sie unsicher sind und nicht wissen, aus welchem Bereich Ihre Ziele kommen, dann probieren Sie einfach aus, sie zu verwirklichen. Mit der Zeit spüren Sie sehr schnell den Kraftaufwand, den Sie einsetzen müssen.

Alles, was viel Mühe macht und nicht leicht geht, sollten Sie weglassen. Wer sich anstrengt, macht etwas falsch.

Das, was geschehen soll, geschieht auch ohne großes Dazutun. Oft kommt es viel perfekter und vollkommener, als Sie es sich gewünscht haben. Spielerisch sollten Sie damit umgehen und Lust soll es bereiten.

Die Abläufe innerhalb der Schöpfungsaktivitäten entwickeln sich so:

Zunächst spüren Sie eine Ahnung oder ein Gefühl von etwas. Es hat noch keine Form und es ist auch noch kein klares Bild erkennbar. Sie fühlen sich zu diesem Gedanken immer wieder hingezogen. Sie nehmen in der Außenwelt plötzlich Dinge wahr oder treffen Personen, die mit diesem Thema in Verbindung stehen. Im Lauf der Zeit wird das Bild konkreter, wie aus dem Nebel heraus bilden sich Konturen, die Farben entwickeln sich, Ihre Gefühlswelt ist aktiviert, Sie spüren Freude, Sie sind motiviert, es fließt Ihnen Energie zu, Sie bekommen ständig als Ergänzung neue Ideen dazu, das Bild als Mosaik wird vollständiger und irgendwann steht das Endergebnis leuchtend und in allen Farben strahlend glasklar auf Ihrem geistigen Bildschirm vor Ihnen. Im Geiste natürlich; und von da an beginnt der physische Verwirklichungsprozess bis zu dem Zeitpunkt, an dem sich das Ganze manifestiert hat.

Und das kann zwei Minuten dauern oder auch 30 Jahre, so wie es aus übergeordneter Sicht in Bezug auf Ihren Lebensplan passen soll.

Beruhigend, oder???

Ist es nicht beruhigend und motivierend, zu wissen, dass Sie Alles erreichen und bekommen werden, was Sie aus tiefstem Herzen und auf Basis Ihres Lebensplanes wirklich gewollt haben? Das Endergebnis wird sein, dass Sie ein durch und durch erfülltes Leben gelebt haben und zufrieden sein können.

Zu VII. Das Prinzip der Geschlechtlichkeit:

Alles im Kosmos ist geschlechtlich.

Anhand von dem Urprinzip „männlich“ und „weiblich“ wird verständlich, was mit diesem letzten Prinzip gemeint ist.

Aspekte von männlich sind: Aktiv, initiativ, Kraft, organisierend, gestaltend, schöpferisch, zeugend, in eine Richtung ausgehende Kraft. Aspekte von weiblich sind: Passiv, aufnehmend, empfangend, weich, Wasser, formgebend.

Diese Prinzipien existieren auf allen Ebenen, sowohl auf der geistigen, als auch auf der physischen. Sie sind überall vorhanden. Wir Menschen beherbergen beide Prinzipien in uns. Wir setzen sie nur unterschiedlich ein.

Je nachdem, wie wir uns ausdrücken, leben wir das männliche oder das weibliche Prinzip. Als Mann leben Sie, wenn Sie sich hingeben oder passiv sein können, das weibliche Prinzip. Eine Frau das männliche Prinzip, wenn sie ihren Beruf aktiv, zum Beispiel als Führungskraft ausübt, neue Ideen entwirft und eine Firma leitet.

Auf der körperlichen Ebene der Menschen offerieren sich die Prinzipien durch die Geschlechtsorgane sehr deutlich. Die Vagina der Frau symbolisiert durch die Form das aufnehmende, weibliche Prinzip, der Penis als Phallus das aktive, männliche Prinzip. Die Vereinigung der beiden Prinzipien ist die Vereinigung der Gegensätze und drückt auch hier wieder das Gesetz der Polarität aus. Denn durch die Vereinigung der Gegensätze im Geschlechtsakt kann der Zustand der Einheit im Orgasmus annährend erlebt werden.

In Partnerbeziehungen ist in den meisten Fällen sehr gut erkennbar, wer von beiden das jeweilige Prinzip lebt. Es gibt sehr viele Frauen, die sehr dominant sind, die Hosen anhaben, den Haushalt, Familie und Finanzen schmeißen und sich ständig über ihren Mann beklagen, dass er sich für nichts verantwortlich fühlt. Bei diesen Frauen wird sehr deutlich, dass sie, aus welchen Gründen auch immer, das männliche Prinzip leben. Die Männer leben verständlicherweise in solch einem Fall das andere, das weibliche Prinzip.

Es gibt in Partnerbeziehungen die unterschiedlichsten Ausdrucksformen der männlichen/weiblichen Prinzipien. Um festzustellen, wer welchen Anteil lebt, brauchen Sie nur das Prinzip verstanden zu haben und auf die jeweilige Beziehung übertragen und schon wird Ihnen klar, wie die Verteilung ist.

Es ist grundsätzlich bei jedem Paar verschieden, auch die prozentualen Anteile sind sehr unterschiedlich. Das reicht von 90 zu 10 %, kann 60 zu 40 % sein, genauso gut 50 zu 50 %, im Idealfall, versteht sich.

Wenn Sie diesen Anteil einmal für sich erkannt haben und auf eine Ausgeglichenheit in Ihrem Beziehungsverhältnis hinarbeiten wollen, so gilt es, den entsprechenden Freiraum für den Partner zu ermöglichen.

Zum Beispiel:

Wenn Sie in Ihrer Beziehung als Mann zu 80 % den männlichen und nur zu 20 % den weiblichen Pol leben und Ihre Partnerin entsprechend 20 % den männlichen Pol und zu 80 % den weiblichen Pol lebt, so liegt es an Ihnen als Mann, 30 % von Ihrem Anteil freizugeben.

Das bedeutet, sich selbst genau zu kennen und zu wissen, was an männlicher Energie abzugeben ist, und gleichzeitig den weiblichen Pol bei sich zu integrieren. Ebenso gilt es für die Partnerin, den männlichen Anteil bei sich zu aktivieren, um so auf ihre 50 % zu kommen. Durch die Ausbalanciertheit entsteht eine intakte Beziehung. Jeder lebt die Anteile bei sich im gleichen Verhältnis und die Beziehung macht Spaß.

Beide Menschen sollten selbstredend um diese Dinge wissen, denn dann leben sie eine bewusste und interaktive Beziehung, die sich ständig neu gestaltet.

Analog auf andere Ebenen des Daseins übertragen, offenbaren sich die männlichen und weiblichen Prinzipien wie folgt:

Ein Glas Wasser aus einer Flasche eingießen: Das Glas symbolisiert das weibliche, das Eingießen das männliche Prinzip.

Das Keimen eines Samens in der Erde: Die Frucht symbolisiert das männliche, die Erde das weibliche Prinzip, usw...

Der ganze Kosmos ist auf allen Ebenen, des Geistes wie der Materie, durchdrungen von diesen Prinzipien. Sie ergänzen sich und gleichen sich aus; wenn von dem einen zuviel da ist, reagiert das andere.

Zusammenfassung:

Das männliche und weibliche Prinzip ist Teil unseres Daseins. Es gilt, diese Kräfte in sich zu entdecken und verstehen zu lernen. Je bewusster sie Ihnen geworden sind, um so klarer werden Sie die von Ihnen ausgehenden Handlungen und Verhaltensweisen verstehen können. Sie durchschauen das, was geschieht und wissen erst dann so richtig, wie Sie damit umgehen können.

12. Gesundheit/Krankheit

Bei dem vorangegangenen Thema „Geistige Prinzipien“ wurde das Prinzip der Polarität erläutert. Das jetzt vorliegende Thema Gesundheit und Krankheit basiert auf diesem Prinzip und ist sehr umfassend. Ich möchte das Thema auch nur anreißen, da es spezielle und gute Literatur diesbezüglich gibt.

Das Wesen von Gesundheit und Krankheit ist nur dann verständlich, wenn man das Prinzip der Polarität verstanden hat. Krankheit gehört zur Gesundheit wie der Tod zum Leben, beide sind unabdingbar miteinander verbunden.

Wir Menschen wollen natürlich alle gesund sein und tun in der Prävention eine ganze Menge, aber was nützt das, wenn wir die Entstehung von Krankheiten, genau genommen die Ursachen, nicht erkennen. Prinzipiell entsteht jede Krankheit im Geiste, deswegen sagte schon Paracelsus:

„Vor dem Körper sollst du zuerst den Geist heilen.“

Das scheint die heutige Medizin wohl vergessen zu haben, denn eine Ursachensuche auf geistiger Ebene findet im klassischen medizinischen Bereich, wie Sie alle wissen, nicht statt.

Auf Grund der Tatsache, dass wir frei in der Handhabung unserer Gedankenauswahl sind, ist es möglich, dass wir uns im Laufe unseres Lebens geistige Einstellungen in unserem Bewusstsein zulegen, die wir für unseren Verstand zwar als richtig erachten, tatsächlich aber nicht so sind, wie sie, bezogen auf uns als Geistwesen und damit auch auf unsere Gesundheit, sinnvoll wären. Wir spüren aus dem Innersten heraus zwar, dass wir anders denken und unsere Einstellung auch verändern sollten, aber ändern tun wir es trotzdem nicht.

Grundsätzlich kann gesagt werden:

Das, was wir im Geiste nicht sehen, nicht erkennen oder nicht integrieren wollen, weil es vielleicht sogar auch unbewusst geschieht, fällt in den so genannten „Schatten“.

Dieser von C.G. Jung geprägte Begriff bezeichnet alle von uns Menschen abgelehnten Wirklichkeitsbereiche. Diese schlummern in einem von uns nicht wahrnehmbaren Bereich und kommen irgendwann ans Tageslicht. Der „Schatten" ist deshalb so gefährlich, weil er dafür Sorge trägt, dass diese von uns selbst verdrängten Teile, zunächst unerkannt an der Oberfläche, sprich in unserer physischen Wirklichkeit, erscheinen und dann erlebt und sehr massiv bekämpft werden. Es ist ein aussichtloses Unterfangen, das wir da auf uns nehmen, weil es genauso erfolglos bleiben wird, wie das „Ausatmen" eliminieren zu wollen.

Ein großer Teil der Anstrengungen verbringt ein Mensch mit den Aspekten seines Lebens, die er eigentlich gar nicht will. Und genau diese Aktivitäten sorgen letztlich dafür, dass er das, was er nicht will, übernimmt oder bekommt.

So werden Sie, zum Beispiel, genauso stur wie Ihr Vater, wenn Sie diese Verhaltensweise bei ihm abgelehnt haben und wundern sich später, wenn Ihr Partner Ihnen diese Sturheit vorhält. Das hat nichts mit Vererbung zu tun, sondern mit der Übernahme dieses Aspektes auf Grund der beschriebenen Gesetzmäßigkeit.

Genauso verhält es sich mit den Krankheiten.

Das, was wir auf der körperlichen Ebene, gleichgültig welches Krankheitssymptom auch immer, als so genannte Krankheit erleben, ist Ausdruck des nicht gelebten Aspektes in unserer Wirklichkeitsebene. Es ist in den Schatten (körperliche Ebene) gefallen. Das, was jetzt als Symptom auf der körperlichen Ebene erlebt wird, ist eine bestimmte Krankheitsform, zu welcher immer ein bestimmter geistiger Inhalt passt (Prinzip der Entsprechung). Dieser Inhalt kann gedeutet werden. Es gibt, wie bereits aufgeführt, gute Literatur, in welcher die jeweiligen Deutungen nachgelesen werden können.

Ein Beispiel dazu:

Wenn Sie Schmerzen/Probleme im Hüftgelenk haben, deutet dieses auf die Thematik: Schreiten/Fortschreiten hin.

Die körperliche Ebene zwingt Sie dazu, nicht mehr zu gehen/fortzuschreiten. Jeder Schritt tut weh und Sie werden gezwungen, sich zu setzen und zu ruhen. Die inhaltliche Botschaft meint, dass Sie nicht mehr äußerlich, sondern innerlich (auf dem geistigen Wege) dieses Fortschreiten praktizieren sollen.

Mit dieser Deutungsinformation haben wir jetzt die Möglichkeit, das zu leben, was wir in der Vergangenheit unterlassen haben und was uns die Krankheit mitteilen will, nämlich:

Sich auf das Innere zu konzentrieren, um dort Fortschritte zu machen.

Wenn diese Thematik so erkannt und auch wirklich integriert wurde, dann werden die Schmerzen vergehen und Sie können von einer Gesundung ausgehen. Ob medizinische Hilfe in Anspruch genommen werden muss (OP etc.) sollte untersucht werden. Sicher ist jedoch, dass der Körper über die entsprechenden Selbstheilungskräfte verfügt und sich auch wieder heilen kann, wenn der „Schaden" nicht zu groß ist.

Krankheiten zwingen uns immer etwas zu tun, was wir unterlassen, oder etwas zu unterlassen, was wir getan haben.

Zwei Fragen bringen uns zur Deutung weiter:

1. Wozu zwingt mich das Symptom? und
2. Woran hindert mich das Symptom?

Krankheit macht ehrlich, sie zeigt auf, was wir nicht sehen oder nicht sehen wollen. Durch das Erleben auf der körperlichen Seite ist der ungelebte Teil im Geiste nicht verloren gegangen, sondern hat durch die Somatisierung im Körperlichen die im Bewusstsein verdrängten Inhalte wieder sichtbar gemacht.

Die Integration dieser verdrängten Aspekte kann einige Zeit in Anspruch nehmen. Dieses hängt jedoch immer vom Engagement und Bewusstsein des Einzelnen ab. Parallel einher vollzieht sich der Gesundungsprozess.

Eine Hilfestellung diesbezüglich liefert die Homöopathie, da sie mit diesen Informationen arbeitet und dem Menschen das zuführt, was im fehlt. Mittlerweile gibt es sogar sehr gute qualifizierte Computerprogramme für die Ausübung der Homöopathie in Verbindung mit Deutungen, anhand derer die Symptome nachgelesen, gedeutet und weiterbehandelt werden können.

Betonen möchte ich jedoch, dass eine medizinische Behandlung das bisher Dargestellte nicht ersetzt, genauso umgekehrt, dass eine medizinische Behandlung ohne die Heilung des Geistes für Ihre persönliche Entwicklung nur einseitig ist und letztlich nur zur Symptomverschiebung führt.

Ganzheitlich zu heilen bedeutet eben, dieses sowohl auf der geistigen, seelischen als auch auf der körperlichen Ebene zu tun.

Zusammenfassung:

a) Krankheit und Gesundheit gehören zusammen und bilden für unser Überleben und Weiterkommen die Grundlage.

b) Krankheit zu bekämpfen gibt keinen Sinn, ebenso wenig, sie zu verhindern.

c) Krank werden kann nur der, der auf der geistigen Ebene eine Entsprechung hat.

d) Mit der jeweiligen Deutung wird das „in den Schatten Gefallene“ integriert und führt den Menschen zum Heil.

Krankheiten zeigen also immer verdrängte und nicht gelebte Seiten (Schatten) unserer Persönlichkeit auf. Ohne die Botschaften der Symptome zu deuten und die geistigen Inhalte daraufhin zu korrigieren, leben Sie in einer völlig unbewussten Haltung.

Die Chance, aus dem medizinisch-pharmazeutischen Karussell auszusteigen, ist fast nicht möglich, da Sie dort hilflos ausgeliefert sind, weil das Konzept der Ganzheit fehlt. Es kostet eine Menge an Kraft, sich gegen diese gedankliche Vorherrschaft zu stemmen, und fordert Mut, eigene Entscheidungen mit einem anderen Hintergrund zu treffen. Versuchen Sie nur einmal, Ihrem Kinderarzt (einem klassischen Schulmediziner) verständlich zu machen, warum Sie Ihr Kind nicht impfen lassen wollen. Unglaublich, was Sie da zu hören bekommen. Sie werden die Praxis mit dem Gefühl verlassen, die schlechteste Mutter bzw. der schlechteste Vater der Welt zu sein, nur weil kein Impfstoff verkauft wurde.

Lernen Sie auf Ihre innere Stimme zu hören und das zu tun, was Sie für richtig halten. Leichter tun Sie sich prinzipiell, wenn Sie Ihre medizinische Betreuung sehr sorgfältig auswählen. Es gibt im alternativ-medizinischen Bereich mittlerweile schon einige ganzheitlich ausgerichtete Ärzte – Heilpraktiker sowieso – die Ihnen wiederum weitere Adressen geben können.

Ein Großteil unserer so genannten Krankheiten erledigt sich jedoch schon alleine durch die jeweiligen Deutungen beziehungsweise durch die Bewusstmachung der Inhalte. Der Heilungsprozess vollzieht sich dann ganz von selbst auf Grund der Einheit von Körper, Seele und Geist.

Sie werden nach Ihren ersten Erfahrungen mit Deutungen schon ganz anders mit dem Gesundungsprozess umgehen und neue Entscheidungen treffen.

13. Beziehungen/Partnerschaft

Zu diesem Thema sind unzählige Bücher geschrieben worden. Nichts, denke ich, beschäftigt die Menschen so sehr wie dieser Bereich. Leider werden Partnerschaften – verheiratet oder in einer Zweiergemeinschaft lebend – wie wir den Publikationen der Medien entnehmen können, überwiegend eher als Last, denn als Lust empfunden. Warum?

Kurz gesagt deshalb, weil wir durch unseren Partner, nachdem die Phase der Verliebtheit vorbei ist und wir die rosarote Brille abgelegt haben, unseren Gegenpol erleben – und das kann manchmal weh tun. Wie wir bei den geistigen Prinzipien gehört haben, leben wir in einer polaren Welt. Wir Menschen sind als Mann und Frau Ausdruck dieser Wirklichkeit. Da wir keine androgynen Geschöpfe sind, fehlt uns jeweils zu unserer Ganzheit das Gegenstück, nämlich entweder der männliche oder weibliche Pol. Leider werden diese Pole von den Lebenspartnern nicht jeweils im gleichen Verhältnis von 50 zu 50 gelebt.

Wenn Sie beispielsweise als Frau extrem Ihren männlichen Aspekt leben, werden Sie einen Partner haben, der seinen männlichen Aspekt reduziert lebt (im Sprachgebrauch würde man sagen, die Frau hat die Hosen an).

Gleichzeitig werden Sie als Frau den weiblichen Pol reduziert und der Partner den weiblichen extrem leben. Hier würde beispielsweise eine 80-%-Betonung des männlichen Prinzips durch die Frau vorliegen, beim Mann eine Betonung in Höhe von 20 %. D.h.: Sie leben in einem nicht ausgeglichenen Beziehungsverhältnis. Wenn das beide nicht stört, ist es auch kein Problem, doch das ist meist nicht die Regel.

Grundsätzlich gilt es, in der Partnerschaft mit diesen Polen in die Balance zu kommen. In der Praxis bedeutet das, dass sich beide zunächst einmal dessen bewusst werden müssen.

Wenn Sie das akzeptiert haben und deren Auswirkungen in

der alltäglichen Praxis kennen, wäre es sinnvoll, sich diese Punkte zu notieren und an ihnen zu arbeiten.

Konkret bedeutet dies, dass der Partner, der den höheren Anteil lebt, davon etwas abgibt und der andere sich diesen Bereich hinzunimmt. In dem Maße, wie das geschieht und integriert wird, entsteht eine völlig neue Lebensqualität, weil es keine Basis mehr für Vorurteile, Vorwürfe oder Schuldzuweisungen gibt.

Jeder lebt sowohl die männlichen wie weiblichen Aspekte in einem ausgewogenen Verhältnis, was sich jedes Paar für ihre Beziehung zum Ziel machen sollte. Das ist sicherlich ein langer Weg, der sich aber garantiert lohnen wird, weil er dem Sinn und Zweck der Partnerschaft sehr nahe kommt.

Ich möchte nun auf einen weiteren Punkt zu sprechen kommen, der ebenfalls allen Paaren zu schaffen macht.

Jeder von uns hat Charaktereigenschaften, die dem Partner oft Anlass zum Ärgernis geben. Dabei handelt es sich um Aspekte, die in unserem Bewusstsein verdrängt oder eliminiert werden, aber auf der Ebene der Beziehungen als gegenpolige Erscheinung wieder auftauchen. Diese Aspekte aufzufinden ist eine relativ leichte Angelegenheit.

Nehmen Sie bitte ein Blatt Papier und notieren sich all die Punkte, die Ihnen an Ihrem Partner missfallen, bzw. aufregen:

1.
2.
3.
4.
5.
6.
7.
8.
9.
10.

Mit dieser Liste gehen Sie bitte wie folgt vor:
Drehen Sie alle Punkte in ihren Gegenpol um!

Ein Beispiel:

auf der Liste steht:	ist pedantisch
Gegenpol ist:	lässig, ungenau

Jetzt wissen Sie, wie Sie selbst sind, nämlich zu lässig und ungenau. Sie geben also dem Lässigen und Ungenauen mehr Bedeutung als dem Gegenpol. Pedantische Leute werden Sie bestimmt nicht ausstehen können.

Auch wenn Sie am Anfang Schwierigkeiten haben, das anzuerkennen, können Sie trotzdem davon ausgehen, dass es so ist. Es ist eben nicht leicht, ehrlich zu sich selbst zu sein.

Was Sie bezogen auf „pedantisch" als normal empfinden, ist in Wirklichkeit eine Überbetonung des einen Pols und daran erkennbar, dass Sie sich aufregen. Überbetonung in dieser Hinsicht bedeutet, dass Sie den Pol „lässig und ungenau" mehr gewichten als dem Pol „pedantisch".

Beide Pole – und das gilt es zu verstehen – haben die gleiche Berechtigung im Kosmos und nur dadurch, dass Sie dem einen mehr Bedeutung geben wie dem anderen, entsteht für Sie das Problem.

Täten Sie das nicht, wären Sie bezüglich dieses Themas in der Mitte und ausgeglichen.

So wie Sie mit diesem einen Aspekt verfahren, so handhaben Sie es auch mit den anderen Punkten auf Ihrer Liste.

All diejenigen Menschen, die an diesen Punkten arbeiten, erleben eine ganz neue Form der Lebensqualität. Plötzlich fallen so viele Dinge, wie Streitereien, Rechthabereien und Ärgernisse weg, weil der wahre Ursprung erkannt wurde. Erst wenn Sie alle Punkte aufgearbeitet haben, sind Sie ein großes Stück auf Ihrem Selbstverwirklichungsweg weitergekommen.

Von vielen Seminarteilnehmern weiß ich, dass sie zur Behebung der Probleme, die sie mit ihrem Partner haben, schon alles Mögliche versucht und ausprobiert haben, aber trotzdem damit nicht erfolgreich waren. Es gibt dafür auch keine andere Lösung, da solche Dinge keine personenbezogenen Angelegenheiten sind, sondern Prinzipien, die bei allen Menschen gleich wirken. Jeder hat zwar andere Aspekte, aber deren Auflösung geht immer nur mit dem gleichen Verfahren.

Ein Beispiel dazu:

Eine Teilnehmerin hatte damit Probleme, dass ihr Partner nicht Geschirr spülen wollte. Sie setzte ihn unter Druck, ließ das Geschirr tagelang stehen, kommunizierte nicht mehr, führte Gespräche, all das half jedoch nichts und schließlich machte sie es doch wieder selbst, weil ihre Maßnahmen nicht funktionierten.

Das hinter dieser Angelegenheit liegende Prinzip war:

Einseitige Belastung der Pole „Macht und Ordnung".

Gegenpole: „Ohnmacht, Unordnung".

Als Sie hörte, dass Sie eigentlich die Urheberin durch diese zu starke Betonung war, hatte Sie natürlich große Schwierigkeiten, das anzunehmen; verständlich, denn das alte Konzept, dass der andere Schuld hat, war noch tief in ihrem Geiste verankert. Wichtig für sie war zu verstehen, dass nicht sie Schuld hatte, sondern dass der Ursprung im polaren Prinzip liegt und sie ja gerade deshalb auch einen Partner braucht, der die Gegenpole sowohl in diesem als auch in anderen Bereichen lebt.

Ein Partner, der genau wie Sie die gleiche Betonung lebt, könnte Sie nicht kennen lernen, da keine Entsprechungen vorliegen würden. Wir erreichen mit unserer Anziehungskraft exakt den Partner, der das Fehlende ergänzt, also entweder zu viel, oder zu wenig hat. Wenn Sie also auf Partnersuche gehen, sollten Sie nicht den suchen, der die gleichen Charaktereigenschaften wie Sie selbst hat, sondern Sie sollten das Finden des passenden Partners der übergeordneten Super-Intelligenz überlassen.

Dieser Partner wird Ihnen mit Sicherheit irgendwo über den Weg laufen. Es gibt die tollsten Geschichten, wie sich Partner gefunden haben, von denen vorher keiner geträumt hätte. So vorzugehen kann doch keine Last sein, allein die Vorstellung, dass es jemanden gibt, der zu Ihnen passt, bringt schon Freude!

Was bisher beschrieben wurde, gilt natürlich auch für Beziehungen (das Wort sagt schon alles aus: wir beziehen uns auf etwas...) im weiteren Sinne.

Sollte Ihnen an einer ernsthaften Weiterentwicklung gelegen sein, so können Sie dieselbe Vorgehensweise mit Ihrem weiteren Beziehungskreis durchführen. Dazu zählen die Kinder, die Eltern, die Freunde, die Arbeitskollegen usw.

Schlussendlich, wenn Sie damit durch sind, wird es Ihnen wie Schuppen von den Augen fallen, welches Theaterstück Sie mit all den Menschen inszeniert haben, die Sie kennen.

Alle Aspekte, an denen Sie arbeiten, sind Teile von Ihnen selbst. Es wäre falsch, wenn Sie sich in einer der Beziehungspersonen zu 100 % gespiegelt sehen würden. Jeder von diesen ist nur für einen Bruch-Teil zuständig. Jeder steht für ein Mosaikstück, alle Personen zusammengenommen ergeben ein ganzes Bild. Tappen Sie bei Ihrer Bearbeitung nicht in die Falle. Grundsätzlich gilt, dass nur Sie, wirklich nur Sie, für die einseitige Polbelastung zuständig sind.

Es ist ganz sicher, dass Ihr Partner auch irgendwelche Überbetonungen auf der polaren Ebene hat, nur, darum brauchen Sie sich nicht zu kümmern. Bleiben Sie stets bei sich. Es ist natürlich sehr naheliegend, diese Dinge von sich zu weisen und es den Beziehungspersonen zuzuschieben, nur ist es damit nicht gelöst.

Ob Sie etwas aufgelöst haben, erkennen Sie daran, dass es Sie nicht mehr stört, es belastet Sie nicht mehr.

Bei all den Aufgaben, die es zu tun gilt, sollte es immer spielerisch zugehen. Ernsthaft zu sein macht keinen Spaß. Freude macht es dann, wenn man mit dem Partner in den Dialog geht, d.h. sich in dem Moment, in dem es auftaucht, erinnert und sich die Thematik bewusst macht.

In diesem Zusammenhang stellt sich immer die Frage nach der Liebe zwischen zwei Menschen. Die Liebe ist es, welche die Pole im Innersten zusammenhält, sie ist die Kraft, welche beide Menschen magnetisch anzieht, zusammenführt und aneinander bindet. Deshalb sind Trennungen, bei denen die zu bearbeitenden Themen nicht aufgearbeitet wurden, sehr schmerzhaft, weil der Mensch etwas auseinander reißt, was zusammengehört und in diesem Zusammenhang von ihm nicht erkannt wurde.

Die Folge ist, dass nach der Trennung ein neuer Partner an die Stelle tritt, aber die gleichen Themen mitbringt. Es ist immer noch ein weit verbreiteter Irrtum, dass bei einem anderen Menschen, nur weil er anders aussieht, alles anders ist. Die Muster, Denk- und Verhaltensweisen sind leider noch nicht an die Stirn geschrieben. Sie offenbaren sich erst im Laufe der Zeit und werden erst gesehen, wenn die Phase der Verliebtheit vorbei ist.

So weit sind die meisten Menschen mit ihrer Logik noch nicht gekommen, sonst würden sie sich die Trennung ersparen. Jeder, der sich bis zur Stufe der bedingungslosen Liebe hochgearbeitet hat, ist in der Lage, auch eine Trennung liebevoll zu beenden. So wie etwas begonnen hat, so soll es auch zu Ende gebracht werden.

Was glauben Sie würden sich all die Trennungspaare ersparen? Das Leid, den Schmerz, die Emotionen, die Ärgernisse, die Streitereien, die Schicksale der Kinder und vor allem in der physischen Wirklichkeit die Kosten der Anwälte und des Gerichtes.

Wird die Sache liebevoll beendet, kann auch die Trennung von beiden in völliger Harmonie vollzogen werden. Geschieht das, wurden auch die Hausaufgaben gemacht.

Das Thema in diesem Kapitel und der bewusste Umgang mit dem Inhalt schafft bei Ihnen eine deutliche Verbesserung der Lebensqualität. Sie verbringen viel Zeit mit Ihrem Lebenspartner und es ist äußerst wichtig, dass diese Zeit auch intensiv genutzt wird. Es wäre viel zu schade, wenn Sie sich das Leben miteinander zur Last machen würden. Von dem Gesetz des Rhythmus wissen wir, dass es immer ein Auf und ein Ab gibt. Wie hoch und wie tief diese Ausschläge ausfallen, liegt in Ihrer Handhabung des Umganges miteinander. Es gibt Menschen, die behaupten aus Unkenntnis der hier beschriebenen neuen Erfahrungen, dass das Leben dann langweilig werde. Es ist genau das Gegenteil der Fall.

Es ergeben sich durch diese neue Art des Umganges miteinander:

a) ganz intensive Begegnungen,
b) mehr Kreativität,
c) mehr Austausch,
d) sinnliche Erfahrungen tieferer Art,
e) eine qualitativ und quantitativ bessere Sexualität,
f) eine stärkere Verbindung,
g) mehr Energie für gemeinsame Projekte,
h) gute Vorbildfunktion für die Kinder,
i) viele Gespräche,
j) intensiver Liebesaustausch,
k) verbesserte Gesundheit,
l) starker Magnetismus ,
m) leichtere Lebensweise.

Es gibt hier auch keine Ge- bzw. Verbote. Es ergibt sich alles auf der Basis tiefen Vertrauens und praktizierter Liebe. Jeder gibt alles und bekommt alles zurück.

14. Verbale Kommunikation

Zu einer ganzheitlichen Lebensführung gehört eine bewusste Kommunikation. Es wird viel zu viel geredet und zu wenig kommuniziert. Die Gespräche, die zwischen den Menschen, in welchem Bereich auch immer, stattfinden, finden zum großen Teil an der Oberfläche statt. Sie kennen die Floskeln: „Wie geht's?" und die Antwort: „Auch gut!" Tiefer wird nicht eingetaucht, denn es könnte ja peinlich oder unangenehm werden. Die Menschen wollen ihre persönlichen Angelegenheiten bei sich behalten und nach außen hin die Rolle „Bei uns ist alles in Ordnung" spielen.

Kommunikation kommt vom lateinischen Wort „communicare" und heißt „verbinden". Es gilt also, eine Verbindung zum anderen herzustellen. Eine Verbindung zu anderen Menschen wollen die meisten jedoch nicht, sie wollen zwar den „Kontakt" aus Höflichkeit, aber dabei soll es auch bleiben.

Warum ist das so???

Jeder Austausch mit unserer Umwelt (hauptsächlich Menschen) fordert uns. Wir werden mit Themen konfrontiert, die aufzeigen, dass es noch andere Weltbilder als die unsrigen gibt. Da wir das wissen, lassen wir andere Weltbilder nicht gerne an uns heran. Wir wollen in unserer Welt bleiben und möglichst alles unterlassen, was unser Weltbild in Frage stellt.

Ein weiterer Aspekt, der noch hinzukommt, ist die Tatsache, dass bei fast jedem Menschen folgende Blockaden vorliegen:

- Kommunizieren wurde nicht gelernt,
- Hemmungen sind vorhanden,
- Vorurteile existieren gegenüber anderen,
- Ängste zu verlieren oder zu versagen,
- Ausdrucksvermögen behindert durch kleinen Wortschatz oder Dialekt,
- Informationsdefizite zu verschiedenen Themen.

All das verhindert einen freien Austausch und macht verständlich, warum Alltag in Verbindung mit Kommunikation Last ist.

Kommunikation sollte Ihnen Lust bereiten – nur wie?

Auf der Basis von Selbstbewusstheit und dem Wissen, dass Sie nicht immer nur die wichtigste Person im Umgang mit anderen Menschen sind, sollten Sie sich für die anderen Menschen interessieren. Das erreichen Sie dadurch, dass Sie sich ganz, also mit allen Sinnen, auf sie einstellen.

Tipps zur Verbesserung der Kommunikation mit anderen:

1. Ohren auf, hinhören, aufnehmen.
2. Wenn unklare Aussagen kommen, nachfragen.
3. Durch weitere Fragen tiefer in das Thema einsteigen.
4. Verständnis zeigen.
5. Ausreden lassen.
6. Beim Thema des anderen bleiben, selbst nicht vom Thema wegführen.
7. Zu verstehen geben, dass Sie sich bemühen den anderen verstehen zu wollen.
8. Offen die Informationen aufnehmen, selbst nichts hinzufügen.
9. Beobachten, ob der andere vom Thema abweicht, es umgehen will oder nicht darüber sprechen möchte.
10. Durch Fragen wieder zum Thema zurückkommen lassen, wenn davon abgewichen wurde.
11. Feingefühl anwenden, um Distanz zu halten, damit auf keinen Fall das Gefühl des Aufdrängens entsteht.
12. Das angewandte Interesse darf nicht das Gefühl des Ausfragens erwecken.
13. Wir wollen die erhaltenen Information nicht verwenden, um unser Ego vor anderen zu polieren.
14. Vertrauen zu geben, steht über allem.
15. Am eigenen Image einer Vertrauensperson arbeiten.

16. Die eigene Meinung zunächst im Hintergrund lassen und erst dann äußern, wenn danach gefragt wird.
17. Über die Inhalte auf keinen Fall mit anderen sprechen.

Tipps zur Verbesserung des eigenen Kommunikationsvermögen:

1. Eigene Assoziationen wahrnehmen lernen und sich dadurch nicht leiten lassen.
2. Die Informationen, so wie sie sind, neutral aufnehmen und:
   a) sie nicht bewerten,
   b) nichts hinzufügen,
   c) nichts weglassen,
   d) keine Rückschlüsse ziehen,
   e) keine Mutmaßungen treffen.
3. Eigene Aussagen definieren lernen, z. B. „Ich meine es so, so habe ich es gedacht, so möchte ich verstanden sein, so sehe ich es."
4. Wenn der andere ausgesprochen hat, entscheiden, was zu tun ist:
   a) was sage ich?
   b) wie sage ich es?
   c) vielleicht nichts?
   d) warum will ich etwas sagen?
   e) ist jetzt Fragen angebracht?
   f) muss es neu dargestellt werden?
   g) will ich nur einen Denkanstoß geben?
   h) will ich ihn überreden?
   i) will ich einfach nur meinen Senf dazugeben?
   j) bei Angriffen oder Kritik prüfen, ob innerer Widerstand vorliegt – beobachten, ob Sie darauf reagieren. Wenn dem so ist, gilt es auf zwei Dinge zu achten:

- die Kommunikation sollte ungeachtet der persönlichen Reaktion auf den Gesprächspartner konzentriert fortgesetzt werden.
- die Punkte, auf die Sie reagieren, sollten Sie sich merken und später, wenn Sie alleine sind und Zeit dafür haben, genau anschauen.

Ein Beispiel:
Wenn jemand zu Ihnen sagt, dass Sie unzuverlässig sind und Sie reagieren darauf, dann gilt es den Punkt Zuverlässigkeit/Unzuverlässigkeit zu bearbeiten (siehe Prinzip der Polarität). Die Punkte, auf die Sie reagieren, über die Sie sich aufregen oder von denen Sie sich getroffen fühlen, sind die unerlösten Aspekte, die befreit werden wollen.

5. Nicht emotional werden. Wenn Sie das tun, ist es immer ein Zeichen dafür, dass Sie an einem unerlösten Punkt getroffen wurden.
6. Nicht punkten, d.h. den evtl. Angriff nicht kontern und nicht zurückgeben. Beispiel: „Sie sind nicht ehrlich" – „Sie auch nicht"
7. Nicht Recht haben wollen, d.h. darauf hinarbeiten, dass zwei Meinungen nebeneinander existieren können.
8. Informationen immer neutral annehmen, keine Partei beziehen und sich immer erst dann eine Meinung bilden, wenn Sie die Gegenseite gehört haben.
9. Wer redet, rechtfertigt sich und wer sich rechtfertigt, klagt sich an.
10. Wer fragt, führt das Gespräch.

Diese dargelegten Punkte stets umzusetzen, bedarf der fortlaufenden Übung. Alle auf einmal zu beherrschen ist nicht möglich. Sinnvoll ist es, sich für jedes anstehende Gespräch ein bis zwei Punkte zur Übung vorzunehmen und hinterher darüber zu reflektieren. Sie können versichert sein, dass das Spaß machen und Ihnen Freude bereiten wird, auf diese neuartige Weise zu kommunizieren.

Es gilt, nicht zu manipulieren, sondern während des verbalen Austausches bewusst beim Gespräch zu sein – zu denken und zu sprechen. Durch diese geänderte Vorgehensweise werden Sie garantiert positive Feedbacks bekommen und Sie werden beliebter und beliebter, da jeder das Gefühl hat, dass Sie wirklich hin- und nicht nur (zu-)gehört haben.

Sie lernen mit anderen Sinnen wahrzunehmen. Es kommt Ihnen nicht mehr auf die Informationsaufnahme an, sondern Sie nehmen die Gedanken- und Gefühlsqualität des Gesprächspartners wahr, was wiederum eine exakte und ganzheitliche Verbindung herstellt. Sie sind somit vom „Ich“ zum „Du“ übergegangen.

Ein weiterer Aspekt im Zusammenhang mit „Kommunikation“ sollte auf jeden Fall noch erwähnt werden:

Es gibt Gespräche, in denen wir anderen Menschen etwas vermitteln wollen, besser gesagt, etwas „klar machen“ wollen. Sie kennen bestimmt solche Gegebenheiten, bei denen der Bruder, der Arbeitskollege, der Chef, der Sportsfreund etwas nicht „checkt“!

Wir Menschen unterscheiden uns, wie bereits des Öfteren erwähnt, durch ein individuelles Bewusstsein. Durch einen verbalen Austausch (sprich Informationsvermittlung) allein ist das Bewusstsein eines anderen Menschen nicht zu verändern, sofern derjenige es nicht selbst zulässt.

Das Einzige, was möglich ist, ist die verschiedenen Standpunkte gegenseitig anzunähern, aber nur dann, wenn jeder dazu bereit ist.

Wenn der Bewusstseinslevel jedoch zu weit voneinander abweicht, ist es sinnvoller, das Gespräch nach Möglichkeit dann zu beenden, wenn Sie spüren, dass Sie nicht weiterkommen. In einem solchen Falle ist es angebracht, beispielsweise zu sagen:

„Unsere Auffassungen liegen zu weit auseinander, es ist für uns beide besser, sie auch so zu belassen. Ich bedanke mich trotzdem für das Gespräch."

Es sollte dabei beim anderen nicht so ankommen, dass Sie selbst oder der andere ein weiter entwickeltes Bewusstsein haben, sondern einfach ein anderes. Es ist nicht sinnvoll und gibt auch kein gutes Image, andere Menschen missionieren zu wollen. Ein weiser Mensch hat einmal gesagt: „Rede nur dann, wenn du gefragt wirst, aber lebe so, dass du gefragt wirst."

Und die Geschichte von Sokrates lautet:

Eines Tages kam einer zu Sokrates und sagte zu ihm:

„Weißt du, was dein Freund getan hat? Das muss ich dir schnell erzählen!"

„Halt" sagte Sokrates. „Hast du, was du jetzt sagen willst, durch die drei Siebe gesiebt? Wir wollen schauen, ob das, was du zu erzählen dich anschickst, durch dieses Sieb geht. Das erste Sieb ist die Wahrheit. Hast du alles, was du mir erzählen willst, nachgeprüft, ob es wahr ist?"

„Nein, ich habe es nur gehört, die Leute haben es gesagt..."

„So, so", sagte Sokrates. „Das zweite Sieb ist die Güte. Ist das, was du mir erzählen willst, wenn es schon nicht bewiesen ist, wenigstens gut?"

„Gut ist es nicht, im Gegenteil: Er hat..."

„Aha", sagte Sokrates. „es ist also weder bewiesen noch ist es etwas Gutes. Dann wollen wir sehen, ob es wenigstens durch das dritte Sieb geht: Ist es notwendig, dass du mir erzählst, was dich so sehr beschäftigt?"

„Notwendig ist es nicht", sagte der Mann, „aber..."

Sokrates lächelte weise und sagte: „Wenn das, was du mir erzählen willst von meinem Freund, weder wahr noch gut noch notwendig ist, so vergiss es und begrabe es, damit es uns nicht belastet, dich nicht und mich nicht!"

Teil III

Zum Sein

Einleitung

Im dritten und letzten Teil des Buches geht es nicht mehr um Werkzeuge, sondern um Aspekte, die es Ihnen ermöglichen, einen anderen Seinszustand zu erleben.

Sie wissen nach dem zweiten Teil jetzt, was zu tun ist, um Ihr Leben nach Belieben zu gestalten. Sie sind nun in der Lage, anders zu denken, zu fühlen und zu handeln, sind bewusster geworden und damit auch in einem anderen Seinszustand.

Der jetzt erreichte Level sollte im Einklang mit Ihnen selbst sein, d.h. in Übereinstimmung mit der eigenen Resonanz. Sie sollten sich eins mit sich selbst fühlen und Ihr äußeres Tun ausbalanciert sein.

Die Kapitel 15–21 geben Ihnen Tipps bzw. Hinweise, diesen Seinszustand auszugestalten und zu erhalten. Auf diesem Level werden Sie spüren, dass die Anwendungen aus den Kapiteln 2–14 noch viel leichter vonstatten gehen. Der Energieaufwand ist wesentlich geringer und der Spaßpegel steigt deutlich an. Das Reiseerleben wird intensiver.

15. Bewegung/Ernährung

Die Aussage der alten Griechen „In einem gesunden Körper wohnt ein gesunder Geist", oder „Wo ein gesunder Körper, da ein gesunder Geist!" ist uns allen gut bekannt.

Körper und Geist stehen in einer Wechselwirkung zueinander. D.h.: Halten wir unseren Körper fit, wirkt sich das auf unseren Geist aus, und sind wir fit in unserem Geiste, so überträgt sich das auf den Körper. Bewegung dient dazu, unseren Körper elastisch und fit zu halten.

Junge Menschen denken über so etwas nicht nach. Jeder meint, dass es die ewige Jugend gibt; doch wenn wir einmal die 40 überschreiten, merken wir plötzlich, dass alles etwas langsamer geht. Empfehlenswert ist es, rechtzeitig mit körperlicher, sprich sportlicher Bewegung anzufangen. Je älter Sie werden, umso schwieriger wird es, damit zu beginnen.

Bei der Definition des menschlichen Körpers hörten Sie, dass dieser Ausdruck des menschlichen Geistes ist und Sie ihn formen. Sind wir im Geiste unbeweglich, so werden wir es auch bald im Körper sein. Wenn Sie spüren, dass Sie irgendwo festgefahren sind oder mit Ihren Gedanken immer auf der Stelle treten, dann gehen Sie einfach ein paar Schritte Laufen, und schon werden Sie spüren, wie der Geist wieder in Fluss kommt.

Oder wenn Sie spüren, dass Ihr Körper schlaff, matt oder kraftlos geworden ist, so beginnen Sie im Geiste sich zu bewegen, und schon können Sie nicht mehr sitzen bleiben, sondern werden aufstehen und sich bewegen wollen.

Es gilt hier, sehr feinfühlig zu werden und sich und seinen Körper ständig zu beobachten. Der Körper ist der Tempel der Seele und es gilt, diesen Tempel zu pflegen, um der Seele einen optimalen Ausdruck gewährleisten zu können. Alle extremen sportlichen Aktivitäten werden, wie Sie schon nach dem Prinzip des Ausgleiches gehört haben, in den Gegenpol umschlagen. Deshalb sei auch hier der Hinweis erlaubt, immer die Mitte zu suchen und eine Sportart zu wählen, die nicht zu sehr anstrengt und zu einem passt.

Hilfreich ist es, wenn Sie parallel dazu Ruhe haben, in der Natur und an der frischen Luft sind und vor allem Ihre Zeit selbst einteilen bzw. wählen können. In der Natur können wir verbrauchte Energien zurücklassen und neue frische Energien frei von anderen wieder auftanken.

Jegliche Überanstrengung beim Sport mit dem Zwecke fit zu werden oder an Gewicht zu verlieren, schadet und bringt Frust. Vor allem ist es sehr schwierig, sich wieder neu zu motivieren. Und wer will sich schon gerne wieder Frust holen. Vergleiche mit anderen sind absolut tödlich für die Selbstmotivation. Jeder hat eine andere Ausgangsbasis und sollte sich deshalb immer nur mit sich selbst vergleichen.

Nehmen Sie sich nicht zuviel vor. Wenn Sie es sich zum Ziel machen, täglich zu joggen, werden Sie bald damit aufhören; wenn Sie es sich zwei Mal pro Woche vornehmen, wird es sicherlich klappen. Anschließend können Sie sich neue Ziele festlegen.

Gute Übungen, um Körper, Geist und Seele auszubalancieren sind „Die fünf Tibeter". Diese sind zum Erlernen als Videokassette oder Buch erhältlich und sollen uns Menschen nicht alt werden lassen, sondern sogar verjüngen. Ich selbst habe seit 1991 Erfahrung damit; sie gehören seither zu meinem Alltag wie das Frühstücken.

Das Maß an körperlicher Fitness kann jeder für sich selbst bestimmen. Für den einen sind jeden Tag 10 Kilometer joggen zu wenig, für den anderen sind viermal die Woche spazieren zu gehen zu viel.

Fazit: Körperliche Bewegung sollte Freude bereiten.

Ernährung

„Der Mensch ist das, was er isst." heißt ein altes Sprichwort. Lassen Sie sich diese Aussage einmal sprichwörtlich auf der Zunge zergehen und Sie werden von selbst intuitiv spüren, was es bedeutet. Das, was wir zu uns nehmen, wird zu dem, was wir sind – und wie wollen Sie sein?

Prinzipiell kann gesagt werden, dass frische Kost aus Pflanzen, Obst und Gemüse dem Körper wie auch dem Geist zuträglicher sind als tierische Produkte in Form von Fleisch. Allein die Verdauung benötigt für Fleisch ca. 12–14 Stunden, für eine Pizza 8 Stunden und für Gemüse ca. 2–3 Stunden. Diese Zahlen sprechen für sich; denn jeder weiß, welcher Energieaufwand nötig ist, um zu verdauen, und dass die dafür benötigte Energie für die geistige Arbeit nicht mehr zu Verfügung steht. Deswegen sind wir nach dem Essen immer schnell müde und möchten am liebsten nicht mehr arbeiten.

Leichte Kost unterstützt den Körper, schwere belastet ihn. Aber, obwohl das sehr viele Menschen wissen, neigen sie doch dazu, ihre alten Gewohnheiten aufrechtzuerhalten. Sie sagen, dass es Ihnen besser schmecken würde und ein Essen ohne Fleisch sei kein Essen. Das sind Menschen, die nicht bereit sind, dazuzulernen und ihre Grenzen zu erweitern. Sie sind einmal mit einem speziellen Geschmack geprägt worden oder vielleicht auch damit aufgewachsen und nehmen deshalb immer wieder dasselbe Essen zu sich. Sie sind nicht bereit, Altes loszulassen und Neues auszuprobieren. Und genau diese Menschen wundern sich auch noch, dass sie, wenn Sie älter geworden sind, krank werden.

Wenn ein Fünftel der Kosten im Gesundheitswesen für ernährungsbedingte Krankheiten ausgegeben werden, so sollte uns das sehr stutzig machen.

Grundsätzlich möchte ich mich nicht zum Moralapostel für irgendwelche Ernährungsarten machen. Es gibt so viele verschiedene Ansichten und Erfahrungen, weshalb es gilt, die

Ernährungsart zu finden, die zu einem passt, jedoch folgende Thesen mitzuberücksichtigen:

1. Tiere brauchen für die Menschen, um zu überleben, nicht gezüchtet und darum auch nicht geschlachtet werden.
2. Die anderen Lebensmittel reichen vollständig aus, um die ganze Menschheit zu ernähren.
3. Weniger Essen würde alleine schon den Ernährungsbedarf weltweit für alle abdecken.
4. Grundsätzlich sollte jeder das essen, was er selbst zubereiten kann.
5. Unser Geist wird durch die qualitative Energie des Fleisches der geschlachteten Tiere eher von seiner Schwingung nach unten verändert als nach oben geführt.
6. Wenn wir an der Veredelung unseres Geistes arbeiten, werden wir Fleisch nicht mehr essen können.

Auch hier gilt es, Erfahrungen zu sammeln und Neues auszuprobieren. Wenn Sie mehr und mehr zu sich selbst finden und Zugang zu feineren Energien bekommen, dann erledigen sich viele Ernährungsfragen von selbst. Sie lernen die Energiequalitäten der jeweiligen Ernährungsart wahrzunehmen und wissen dann auch intuitiv, was Sie momentan brauchen.

Eines der schönen Dinge der Schöpfung ist doch die Vielfalt. Es gibt so viele Menschen, die sich eingehend mit gesunder Ernährung in allerlei Hinsicht beschäftigt haben; kosten Sie doch etwas von diesem großen Fundus!

16. Lebensfreude / Dankbarkeit

Freude am Leben zu haben und dankbar zu sein sind Eigenschaften, welche jedem von uns Menschen zu eigen sein sollten. Freude zu entwickeln und zu haben ist eine Frage der Wahl, die wir ständig neu treffen können. Wenn wir jedoch das Leben als Last sehen und es aus dieser Perspektive heraus leben, dann versteht sich von selbst, dass wir in eine Opferrolle geraten.

Durch die zurückliegenden Themen haben wir uns eine Freiheit erarbeitet, mit der wir Lebensfreude kombinieren können. Wer frei ist, kann sich freuen und wird auch dankbar sein. Von dem geistigen Prinzip der Entsprechung her wissen wir, dass wir immer in Kontakt mit Menschen kommen, die uns entsprechen.

Welche Menschen wollen Sie denn um sich haben?

Solche, die Ihnen das Leben bereichern oder vermiesen?

Ihre eigene freud- bzw. leidvolle Energiequalität zieht die entsprechenden Menschen in Ihr Leben.

Es heißt so schön ein altes Sprichwort:

„Wo man lacht, da lass dich nieder!“

Lachen Sie viel, allein über sich selbst, nicht nur, wenn Witze erzählt werden, sondern übers Leben. „Ein Mensch, der noch nicht einmal über seine Ego-Aspekte lachen kann, ist von der Weisheit noch weit entfernt.“ Schauen Sie sich den Kinofilm von Patch Adams an, was seine Einstellung für andere Menschen bewirkt hat. Ich bewundere Menschen, die aus den vorherrschenden Strukturen aussteigen und Neues in die Welt bringen.

Tipps, die Ihnen Unterstützung für Lebensfreude geben:

1. sich über das freuen, was Sie tun, und nicht erst glücklich sein wollen, wenn Sie ein Ziel erreicht haben. Der Weg zum Ziel bringt Freude und nicht nur das Ziel allein.

2. geistig in der Gegenwart, also im „Hier und Jetzt“ sein, und nicht in die Zukunft mit Sorgen und in die Vergangenheit als Belastung denken.
3. nur etwas tun, was zufrieden macht.
4. nur etwas tun, was Freude bereitet.
5. aus dem Herzen in Verbindung mit dem Kopf leben.
6. von Herzen Liebe geben.
7. sich freuen, dass Sie hier auf Erden sein können.
8. sein inneres Potenzial entfalten.
9. sich als Schöpfer erkennen.
10. wissen, dass Sie alles bekommen können, was Sie ehrlich von Herzen her wollen und Ihnen entspricht.

Durch die Verinnerlichung und Handhabung dieser Punkte befinden Sie sich schon automatisch auf einem anderen Level, in dem Freude bereits existiert. Freude erleichtert die Gestaltung des Lebens, Sie sind bewusster und im Fluss. Es geschieht alles fast von selbst.

Freude hat nichts mit exzessivem Ausdruck oder Übersteigerungen in allerlei Hinsicht zu tun. Es ist unglaublich, wenn junge Menschen Alkohol- bzw. Drogenpartys mit Heavymetal- oder Techno-Musik als Freude empfinden. Sicherlich werden auch sie auf diesem Wege bestimmte Erfahrungen machen, nur wird dort Freude oft mit Flucht verwechselt.

Lebensfreude zu aktivieren setzt voraus, dass die inneren und auch äußeren Sinne dazu eingesetzt werden. Lebensfreude verändert sich je nach Bewusstseinszustand und stellt eine Energiequalität bereit, die von unterschiedlichen Menschen gleich, aber individuell wahrgenommen und erlebt werden kann.

Dankbarkeit:
Danken zu können ist ein Aspekt Ihrer grundsätzlichen Lebenseinstellung. Menschen, die vom Leben ständig etwas fordern, weil Sie meinen nicht genug zu bekommen, können auch nicht dankbar sein, weil sie das, was sie bekommen als selbstverständlich betrachten. Das Selbstverständliche wird als Standard und nicht als Geschenk betrachtet. Wenn Ihr Denken mit „Haben-wollen" und „Nicht-genug-kriegen" durchtränkt ist, werden Sie es schwer haben, Geschenke als solches zu sehen. Hier liegt sehr oft ein Missverständnis vor.

Ein Bibelspruch macht diese Situation deutlich:

„Wer da hat, dem wird gegeben! Wer da nicht hat, dem wird das wenige noch genommen werden!"

Es klingt zunächst nach einem ungerechten und böswilligen Gott, der die Reichen reicher und die Armen ärmer werden lässt. Es handelt sich jedoch bei dieser Darlegung nicht um eine Willkür, sondern um eine Gesetzmäßigkeit. Mit „hat" ist Bewusstsein gemeint: Also wer Bewusstsein hat, dem wird gegeben, wer keines hat, dem wird das wenige genommen werden.

Wem also bewusst geworden ist, dass Geben, und zwar bedingungsloses Geben, für Rückfluss sorgt, hat eine bestimmte Ebene des Bewusstseins erreicht und wird deshalb auch nicht haben wollen.

Es wäre jedoch fatal, dieses Prinzip einzusetzen, um wieder etwas zu erhalten. Es ist nicht möglich, Gesetze auszutricksen; aber Sie haben ja Ihren freien Raum und können es ausprobieren. Geben verlangt bedingungsloses Geben!

Aus der Erfahrung dieses Gesetzes und der Demutshaltung gegenüber dem Schöpfer der Welt entsteht Dankbarkeit. Oft bekommen Sie den Rückfluss aus einer Ecke, aus der Sie es nicht vermuten. In die eine Richtung haben Sie etwas gegeben, aus der anderen kommt es zurück.

Können Sie dankbar sein für:

a) eine gute Arbeitsstelle?
b) gesunde und frohe Kinder?
c) eine bereichernde Beziehung?
d) wahre Freunde?
e) körperliche und geistige Gesundheit?
f) Freiheit Ihrer Gedanken?

oder ist das für Sie schon Selbstverständlichkeit geworden?

An all diese Standards kann man sich auch gewöhnen und sogar unzufrieden werden, indem Sie vom Leben noch mehr erwarten. Sie werden jedoch enttäuscht sein, denn jeder Erwartungshaltung folgt eine Enttäuschung.

Nehmen Sie das Leben als das an, was es ist; als ein Geschenk, das Sie sich selbst gemacht haben und praktizieren Dankbarkeit. Es genügt vollends „Danke" zu sagen, Sie brauchen nicht einmal etwas dafür geben.

17. Selbstbewusstsein / Selbstwertgefühl

Beides, Selbstbewusstsein und Selbstwertgefühl, darf nicht mit dem ausgeprägten Ego des unvollkommenen, individuellen Aspekts der jeweiligen Persönlichkeit verwechselt werden. Selbstbewusstsein ist das Wissen um das Wesen des Selbst in uns. Das Wesen unseres „Selbst" ist der individualisierte göttliche Aspekt in uns, jedoch noch nicht zum individualisierten Ego weiterentwickelt.

Dieses „Selbst" ist vom Ursprung her das göttliche Prinzip in uns und somit vollkommen, allgegenwärtig, ohne Ängste, das vollkommene Potenzial der göttlichen Schöpfung beherbergend, frei, reines Gewahrsein, Weisheit und Liebe vereinend, es ist der aus dem großen Meer des Bewusstseins herausgenommene Wassertropfen, jedoch geprägt mit der Initialisierung für die jeweilige Persönlichkeit. Diese Initialisierung geschieht von selbst, das Weitere liegt in unserer Hand.

Derjenige, der diesen „Selbstaspekt" so sehen kann, wird sein Leben vor diesem Hintergrund gestalten. Er wird seinen Alltag völlig anders verrichten, denn das „Vollkommene" als wahren Träger unseres Wesens zuzulassen reduziert alle aus dem Persönlichkeitsaspekt entwickelten Maßnahmen zum Unvollkommenen.

Die Konsequenz daraus bedeutet, dass es dann nur noch um das Sich-Einlassen aus dem Selbst heraus auf den Fluss des Lebens geht. Nichts mehr zu sollen, nichts mehr zu wollen, nichts mehr zu wünschen, nichts mehr zu machen, sondern zum Mitgestalter durch Einlassen zu werden. Sie haben dadurch die Meisterschaft zur bewussten Lebensgestaltung erlangt und wissen aus dem tiefsten Innersten, was zu tun ist.

Das Persönlichkeits-Ego wird sich verständlicherweise mit den einen oder anderen Aktivitäten des Selbst nicht einverstanden erklären oder sich sogar dagegen wehren, was auch sein gutes Recht ist, aber es wird mit der Zeit von selbst den Widerstand aufgeben.

Selbstwertgefühl

Die Abgrenzung von „Selbstwertgefühl“ zu „Selbstbewusstsein“ ist das Gefühl für den Wert des Selbst in uns.

Welchen Wert es tatsächlich für uns hat, können wir umfassend gar nicht ermessen, bzw. wissen, da wir das allumfassende Bewusstsein noch nicht erlangt haben. Aber wir können ein Gefühl dafür entwickeln, was es sein könnte. Es bringt ein Gefühl der Hoffnung, des Vertrauens, der Geborgenheit, der Zuversicht, der allumfassenden Liebe, der Grenzenlosigkeit, der Sehnsucht und Lust nach Verwirklichung, Vollendung und Einheit.

Dieses Gefühl können Sie sich nicht oft genug bewusst machen, da Sie sich im Alltagsgeschehen eher davon entfernt haben und Ihre Lebensgestaltung auf dem unvollkommenen Teil Ihres Daseins aufbaut. Das Selbst repräsentiert den göttlichen Aspekt, das Vollkommene in uns; und stellt das nicht den höchsten Wert dar?

In unserer Alltagsbeschäftigung lassen wir uns zu sehr von den äußerlichen Umständen ablenken und vergessen dabei, wer und was wir eigentlich sind. Deshalb geraten wir zu schnell in Problemzonen und sind im Massenbewusstsein, welches sehr starken Einfluss auf jeden Menschen ausübt. Es verlangt ständige Übung, sich davon loszulösen und Stärke aus dem „Selbst“ zu erfahren und mit „Innerem Wissen“ seinen Weg zu gehen – selbstbewusst in sich ruhend.

Viele Menschen haben Probleme mit ihrem Selbstwertgefühl, weil sie es mit Selbsteinschätzung verwechseln. Sie vergleichen sich mit anderen und stellen fest, was diese leisten und können und sie selbst nicht, oder was die anderen haben und sie nicht. So zu denken ist natürlich fatal, da jeder damit schlecht aussieht.

Sie können sich selbst immer nur in Beziehung zu sich selbst setzen und nie in Beziehung zu anderen. Sie haben gehört, dass jeder sein Potenzial mitbringt und es ausdrücken soll, und das ist die Aufgabe.

Pflegen Sie also mehr und mehr Ihr Gefühl für den Selbstwert, denn gleichzeitig schwindet die falsche Selbsteinschätzung. Die Folgen eines gesunden Selbstwertgefühles sind:

Bescheidenheit und Demut, unter anderem auch Eigenschaften eines bewussten und erwachten Menschen.

18. Bewusstes Sein / Achtsamkeit

Kennen Sie diese Gefühle:

- Eins mit sich selbst und da zu sein?
- Mitten im Leben, in der Gegenwart, zu sein?
- Weder in der Zukunft noch in der Vergangenheit?
- Von nichts abgelenkt zu werden?

Es ist sicher ein schönes und erstrebenswertes Gefühl, das wir viel zu selten erleben. Zustände wie Stress, Unruhe, Ungeduld, Disharmonie, etc... kennen wir zu gut. Diese können wir besser beschreiben, weil sie uns leider schon zu Gewohnheit geworden sind. Immer wieder unternehmen wir den Versuch, dieses angenehme Gefühl wiederzuerlangen, weil wir uns dort zu Hause fühlen und es als Ausgleich zu unserem gewöhnlichen Alltagszustand dient.

Wir erleben dort ein Gefühl der „Glückseligkeit". Es ist alles da, es fehlt nichts, wir brauchen nichts, wir wollen nichts, wir sind ... und das genügt. Der Zustand ist jenseits der begrifflichen Welt und daher auch nicht so leicht zu beschreiben. Aber es gibt ihn und das wissen wir, ganz tief in unserem Innersten und deshalb haben wir die Sehnsucht nach ihm. Er lässt uns etwas von dem erahnen, was uns nach dem Tod erwartet: Reines Sein.

Er zeigt uns unsere „Geistigkeit des Wesens" auf, da er mit irdischen Werkzeugen und Hilfsmitteln nicht erreicht werden kann. Er kommt nur dann, wenn wir ihn zulassen. Der Ort, an dem wir diesen Zustand erfahren, muss nicht festgelegt sein; das kann im Wald bei einem Spaziergang, bei der Gartenarbeit, beim Lesen eines Buches, während der Meditation, bei einem Vortrag oder beim Spülen sein. Wenn er kommt, wissen wir, dass er jetzt da ist.

Den Zustand des „Bewussten Seins" zu praktizieren verlangt von uns, dass wir reifen und wach werden im Alltagsgeschehen. Je mehr unsere Bewusstwerdung voranschreitet, umso mehr können wir den Zustand verallgegenwärtigen. Irgendwann praktizieren wir „Bewusstes Sein“ ständig.

Mit „Bewusstem Sein“ ist auch gemeint, bei allem, was wir tun, bewusst das zu tun, was wir tun. Dieses gelingt uns am besten aus der Beobachter-Position. Wir sind dann nicht eingenommen von der Welt, sondern wir handeln wach und bewusst in der Welt.

Nicht bewusst leben wir, wenn wir unzufrieden oder friedlos sind, uns unerfüllt fühlen, von Unlust und Unwillen geplagt, in Habsucht leben, eifersüchtig und neidisch sind, voller Unruhe und Ungeduld, ständig vor uns selbst auf der Flucht, alles von uns wegschiebend und vernachlässigend.

Ebenso, wenn wir uns nicht sammeln und zur Ruhe kommen können, ständig geplagt von Sorgen und in der Vergangenheit lebend. Auch wenn wir voller Angst, Hoffnungslosigkeit, Streitlust und Lieblosigkeit dahinvegetieren. Verständlich ist, dass in solch geistiger Verfassung alles Lebenswerte auf der Strecke bleibt und das Leben zur Last wird.

„Bewusstes Sein“ bedeutet, wahrzunehmen, von welchen Reizen sich unsere Sinne in dem jeweiligen Moment einfangen lassen möchten. In dem Augenblick, in dem etwas hereinkommt, gilt es, wie bereits erwähnt, Distanz aufzubauen, um es nicht an uns heranzulassen. Das, was uns begegnet, hält immer auch etwas für uns bereit.

Aus der Distanz heraus können wir beispielsweise Probleme und Herausforderungen viel besser erkennen, als wenn wir uns damit identifizieren würden, wie z.B.: Wir *haben* ein Problem und *sind nicht* das Problem.

Wir nehmen uns der Sache an, handeln weise und bewusst. Was wir tun, tun wir vor dem Hintergrund der Liebe und nicht dem der Vergeltung, Rache oder des Ausgleichs. Wir entscheiden bewusst in Kenntnis der Prinzipien und treffen Maßnahmen im Interesse aller.

Achtsamkeit

„Der Weg ist immer das Ziel. Denn das Glück wartet nicht am Ende der Reise, sondern liegt in jedem noch so kleinen Schritt verborgen, der uns auf der Straße des Alltags dorthin begleitet", sagt Thich Nhat Hanh, einer der bedeutendsten Achtsamkeitslehrer und Mönch der Gegenwart. Jeden Schritt achtsam durchs Leben zu gehen, verlangt viel Wachheit und Bewusstes Sein von uns. Es geht nicht darum, sich auf dem Weg Gedanken über das Ziel und dem Danach zu machen, sondern im „Hier und Jetzt" zu sein, Schritt für Schritt.

Im Hier und Jetzt zu sein bedeutet, achtsam zu sein auf:

a) meine Gedanken, die ich denke und zulasse:

- Bin ich konzentriert auf das, was ich tue, oder bin ich eigentlich mit meinen Gedanken ganz woanders?
- Welche Art von Gedanken denke ich?
- Sind Sie konstruktiv oder destruktiv?
- Schaden sie mir oder anderen?
- Sind Sie hilfreich für das, was ich tue, oder lenken sie mich von meiner Aufgabe ab?

b) meine Gefühle, die ich in mir wahrnehme.

- Lasse ich mich von ihnen treiben und gebe mich ihnen einfach nur hin?
- Welches sind angenehme und schöne Gefühle und kann ich sie für mich zulassen?
- Welche Gefühle bringen Emotionen hoch?
- Welche tun mir gut und welche schaden mir?
- Kann ich negative Gefühle bei mir selbst ausgleichen, so dass sie mir und anderen nicht schaden?
- Ist mir bewusst, dass Gefühle Energien sind, die von mir bewusst gesteuert werden können?
- Kann ich Distanz zu meinen Gefühlen herstellen?

c) auf meine Wahrnehmung.

- Ich nehme immer nur das wahr, was ich wahrnehmen will. Ist mir das bewusst?
- Worauf richte ich meine Wahrnehmung aus? Was ist mir wichtig?
- Worauf fokussiere ich meinen Geist?
- Lasse ich mich durch meine äußeren Sinne reizen und ablenken?
- Ist mir bewusst, was oder wie ich etwas wahrnehme?
- Nehme ich mich selbst wahr, so wie ich bin?
- Nehme ich die Umgebung wahr, in der ich gerade bin?
- Nehme ich meine Mitmenschen wahr, die gerade jetzt oder ständig um mich sind?
- Nehme ich meinen Körper und seine Verfassung wahr?
- Nehme ich meinen Herzschlag wahr?
- Nehme ich meine Atmung wahr?
- Nehme ich gerade wahr, wie ich in diesem Moment sitze, gehe, liege oder stehe?

d) das, was ich tue.

- Wie tue ich gerade etwas?
- Bin ich gehetzt oder gestresst?
- Bin ich in Eile?
- Bin ich gegenwärtig?
- Bin ich mir jedes einzelnen Schrittes bewusst und erledige eins nach dem anderen in Ruhe und mit Sorgfalt?
- Helfe ich mit meinen Handlungen jemand?
- Schade oder verletzte ich mit meinen Handlungen jemand?
- Tut das, was ich tue, mir selbst gut?
- Ist es sinnvoll, was von meiner Handlung ausgeht?

Achtsamkeit und Respekt gehören zusammen. Wenn Sie achtsam sind, respektieren Sie alles, was Sie umgibt. Achtsam zu sein bedeutet, sein Feingefühl zu entwickeln, und zu spüren, was ist.

Was wir alleine auf einem Spaziergang durch den Wald an Achtsamkeit praktizieren können, hilft uns der Schöpfung einen Schritt näher zu kommen. Können Sie noch achtsam gehen und sehen, worauf Sie treten?

- Hören Sie das Rauschen der Blätter im Herbst und können Sie sich ganz diesem Wunder hingeben?
- Das Singen eines Vogels hören?
- Den Wind auf der Haut spüren?
- Die Stille des Waldes?
- Den Lärm im Wald?
- Die Stimmung eines Hains?
- Die Flinkheit eines Eichhörnchens?

- Welche Achtsamkeit erbringen Sie sich selbst?
- Welche Achtsamkeit Ihren Mitmenschen?
- Welche Achtsamkeit Ihrem Partner?
- Welche Achtsamkeit Ihren Kindern?
- Welche Achtsamkeit Ihren Eltern und Geschwistern?

Können Sie sich noch an Ihre erste Verliebtheit erinnern und die Achtsamkeit, die Sie dort Ihrer (Ihrem) Geliebten entgegengebracht haben? Alles haben Sie wahrgenommen, alles haben Sie mit Achtsamkeit versehen! Behutsam haben Sie sich an die „erste große Liebe“ herangetastet und achtsam aufgenommen.

Achtsamkeit verletzt nicht, Achtsamkeit schenkt Liebe.

19. Innere Stimme/Intuition

Unser Alltagsgeschehen wird gestaltet durch unser Denken, unsere Gefühle, unsere Fähigkeiten und Aufgaben, die wir uns gestellt haben. Wir bemühen uns stets, unser Bestes zu geben, um damit eine gute Leistung abzugeben.

Oft geschehen Dinge, die wir nicht gewollt haben. Wir machen Fehler, korrigieren sie und probieren es aufs Neue wieder. Je mehr Erfahrungen wir machen und je mehr wir unser Leben reflektieren, stoßen wir auf etwas, das wir „Intuition" oder „innere Stimme" nennen.

Anfänglich ist uns das völlig unbekannt, wir handeln nach unserem Gutdünken und denken über so etwas nicht nach. Wir beginnen uns erst dann Gedanken zu machen, wenn wir des Öfteren bei uns selbst Sätze wahrnehmen wie:

- „Ich habe es doch gewusst!"
- „Hätte ich doch nur auf meine innere Stimme gehört!"
- „Warum habe ich nicht auf mein Innerstes gehört?"

Solche Feststellungen tauchen dann auf, wenn wir uns über irgendwelche falschen Entscheidungen aufgeregt haben, gleichzeitig uns aber noch daran erinnern können, dass uns unser Innerstes einen ganz anderen Impuls gegeben hat und wir nicht darauf reagiert haben.

Die Gründe für die Nicht-Reaktion liegen einfach darin, dass wir mit unserem Verstand die Sachlage beurteilt und bewertet haben und die Mitteilung aus unserem Innersten als „nicht kompetent" zurückgewiesen haben.

Die große Schwierigkeit, welche die meisten Menschen in diesem Bereich haben, liegt in der Tatsache begründet, dass sie nicht unterscheiden können, woher die Impulse kommen. Sie können aus dem Verstand, der Vernunft, dem Gefühlsbereich oder aus dem Innersten kommen und sind nicht leicht unterscheidbar.

Der Zugang zu unserem Innersten geschieht mittels der Intuition oder der inneren Stimme. Unser Innerstes ist das „Selbst“, welches wir beim Thema Selbstbewusstsein/Selbstwertgefühl behandelt haben. Es ist die übergeordnete Instanz unseres Daseins, die alles kennt, alles weiß, den vollkommenen Überblick hat, die Vergangenheit und Zukunft bei allen Aktivitäten mit einbezieht und für die Erfüllung unseres Lebensplanes verantwortlich ist. Es ist stets präsent, sanft, leise, unaufdringlich, klar, präzise, weich, nicht fordernd, nur das Beste für uns wollend, schützend, warnend und liebevoll.

Mit unserem rationellen Denken gehen wir mit unserem „Höheren Selbst“ beurteilend, bewertend, analysierend, zurückweisend, verunsichert, zerpflückend, besser wissend, ablehnend und mit wenig Wertschätzung um. Es lässt sich leicht erahnen, welche der beiden Instanzen letzten Endes den Kürzeren zieht.

Von Frauen ist im allgemeinen bekannt, dass sie intuitiver sind als Männer, verständlich doch, wenn man sich die einzelnen Prinzipien ansieht. Sich auf die innere Stimme einlassen setzt das Anwenden des weiblichen Prinzips voraus, womit wir bei der eigentlichen Aufforderung im Umgang mit der inneren Stimme angelangt sind:

Die Impulse zuzulassen, darauf zu hören und sie anzuwenden. Die Fragen, die sich dadurch stellen, sind:

- Wie oft noch wollen wir den Beweis haben, dass die innere Stimme bezogen auf unser Wohlergehen richtig lag?
- Wie oft wollen wir uns noch ärgern, dass wir nicht auf sie gehört haben?
- Wie oft wollen wir uns dabei noch ertappen, dass wir sie übergangen haben?

Wir Menschen haben es in der Hand, zu welchem Zeitpunkt wir eine neue Wahl treffen. Es gibt bei jedem Menschen so viele Beispiele, sprich Situationen, in denen er mit dem Nichtanwenden schlechte Erfahrungen gemacht hat. Zum Beispiel:

Sie wollen eine neue Wohnung mieten. Etwas in Ihnen (Sie nennen es: Ihr Gefühl), sagt: „Nein, lass es!"

Sie entscheiden sich aber aus logischen Gründen (weil Sie bisher die schönste ist und keine andere im Moment zur Auswahl steht) doch dafür und handeln entgegen Ihrem „Gefühl" und mieten sie an. Kurze Zeit später merken Sie, dass neben der Wohnung störende Nachbarn sind, die Sie zur Verzweiflung bringen.

Solche oder ähnliche Beispiele kennen Sie bestimmt genug.

Was können wir tun, um die Bereitschaft, die innere Stimme zuzulassen, zu verbessern?

Unabhängig von dem bereits Dargelegten:

- Achtsamkeit innehaben,
- bewusst zu sein,
- wach zu sein,
- sich Erfahrungen damit gönnen,
- damit spielen,
- öfters meditieren,
- Vertrauen entwickeln,
- Mut aufbringen.

Woran können wir erkennen, dass es die innere Stimme ist? Kurz gesagt, lässt sich das am besten durch Üben herausfinden.

Es gibt jedoch ein paar Indizien:

- Der erste Impuls ist meistens der richtige,
- wenn Sie unsicher sind, sind sie bereits im Denken,
- der Impuls wird oft als unrealistisch deklariert,

- Sie spüren, dass es so ist,
- es ist eine innere Gewissheit, aber nicht zu erklären,
- es ist unaufdringlich,
- es tritt unerwartet auf,
- es ist wie eine Vorahnung.
- es ist wie ein Blitz plötzlich da,
- es ist ein schwierig zu definierendes Gefühl.

Bei jedem Menschen wird sich die Präsenz der inneren Stimme anders bemerkbar machen, es ist sehr individuell. Jeder wird mit der Zeit selbst herausfinden, wie „es“ bei ihm geschieht.

20. Meditation / Zwiegespräche

Meditation ist in der heutigen Zeit eine von der Gesellschaft akzeptierte Angelegenheit geworden.

Zu früherer Zeit, Mitte der Achtziger noch, war sie eine suspekte Sache, mit der die wenigsten Menschen etwas anfangen konnten. Man stellte sich etwas Magisches vor, die Verbindung mit unbekannten Kräften aufnehmend. Nachdem es heute in vielen Zeitschriften stark publiziert wird und vor allem in Managerkreisen eine anerkannte Praxis zur Beruhigung des Geistes geworden ist, hat es von diesem ursprünglichen Touch etwas verloren. Es ist also gesellschaftsfähig geworden, wenngleich es von den meisten Menschen nicht angewandt wird.

Was ist Meditation überhaupt?

Meditation ist ein Weg nach innen, um in die Ruhe und Stille zu gehen, Kontakt aufzunehmen mit seiner inneren Quelle. Dieser Weg kann alleine oder zusammen mit anderen in einer Gruppe praktiziert werden.

Das Wort Meditation kommt vom Lateinischen „meditari“ und meint ein „Nach-innen-gegangen-werden“. Es ist ein passiver Weg, auf dem wir durch unsere Haltung die Voraussetzungen schaffen, dass unser Geist von selbst den Weg zu diesem inneren Ort der Ruhe und Stille geht. Wir können diesen Ort nicht mit unserem Verstand erreichen, denn genau der ist es, der auf diesem Weg nach innen ausgeblendet werden soll, damit die Tür nach innen sich öffnet und dieses „Gegangen-werden“ stattfinden kann.

Ein Beispiel dazu:

Sie wollten bestimmt schon einmal einschlafen, weil Sie vielleicht früher als sonst üblich aufstehen mussten. Je mehr Sie sich anstrengten, um so weniger gelang es Ihnen, einzuschlafen. Zu dem Zeitpunkt, als es Ihnen egal wurde und Sie aufhörten einschlafen zu wollen, geschah es dann von selbst.

Genauso geschieht es in der Meditation.

Solange Sie versuchen, zu diesem Ort der inneren Quelle zu gelangen, gelingt es nicht. Sie müssen nur den ersten Schritt tun und die Voraussetzung schaffen, dass sich der Weg einstellen kann. Auf dem Weg dahin ist Ihr Bewusstsein ständig präsent. Ihre geistigen Aktivitäten im Verstand aber sollen zur Ruhe kommen – und das wollen diese nicht. Sie wollen immer mitreden, mitbestimmen und die Herrschaft ausüben. Diese sind es, die auf dem See für eine aufgewühlte Oberfläche sorgen.

Unser Bewusstsein ist Wind, Wasser, Welle und See zugleich und überwacht das Ganze. Wenn Sie bei Ihrer inneren Quelle angelangt sind, hat sich der See an der Oberfläche beruhigt und Sie sehen ganz klar bis auf den Untergrund.

Die Frage, die sich immer wieder stellt, ist:

Wozu „dient“ eigentlich Meditation?

In der heutigen Zeit, in der viele Menschen über Stress, Hektik und Probleme in der Alltagsbewältigung klagen, suchen die Menschen nicht nur Wege, das zu verhindern, sondern auch Ausgleich. Der beliebteste Weg dafür ist die Flucht in den Urlaub. Anstelle jedoch dort Ruhe und Entspannung zu suchen und sich selbst auch einzuräumen, wird Unterhaltung, Fun, Aktion und Animation verlangt und auch betrieben. Urlaub wird als Ventil benützt, um den angestauten Frust loszuwerden, was einerseits Vorteile hat, andererseits aber nicht die erhoffte Erholung bringt.

Der Weg, der hier gegangen wird, ist auch nicht sinnvoll, da es, wenn überhaupt, nur eine kurzfristige Angelegenheit bleibt und andererseits die Probleme in der Alltagswelt in dem gewünschten Maße doch nicht verbessert.

Meditation kann auf jeden Fall unter anderem eine Antwort auf diese Probleme sein, denn sie ist überall praktizierbar, kostet nichts außer Zeit und stellt auf einfache Art und Weise schnell und ständig eine Form dar, den aufgewühlten Geist zur Ruhe zu bringen.

Unter dem Begriff der Meditation gibt es viele verschiedene Anwendungsgebiete, die unterschiedliche Auswirkungen haben.

Dazu gehören:

Autogenes Training, Imagination, Visualisation, sprachlich geführte Meditationen, Musikmeditation, Autosuggestion, Zen-Meditation sowie die reine Meditation, bei der keine Hilfsmittel wie Musik oder Sprache mittels Tonträger verwendet werden, sondern bei der eine sitzende Haltung in Ruhe und Stille mit geschlossenen Augen praktiziert wird.

Da die erstgenannten eher zweckgebunden sind, möchte ich auf die zuletzt geschilderte Meditationsart näher eingehen. Sie ist die reinste und bringt meines Erachtens Körper, Geist und Seele am optimalsten in Einklang, mit nachstehenden Erscheinungen:

- Hinführung zur inneren Mitte
- Beruhigung des Geistes
- Kontakt mit der inneren Führung
- Schöpfen aus der inneren Quelle
- Loslösung vom Außen
- Kontakt mit den inneren Sinnen
- Abschaltung der äußeren Sinne
- Inneres Gewahrsein
- Bewusste innere Wachheit

Die Folgen daraus im täglichen Leben sind:

- Innere Ruhe
- Ausgeglichenheit
- Verbesserung der Kreativität
- Verbesserung der Intuition
- Verbesserung des Wohlbefindens
- Größere Entspannung

- Verbesserung der Gesundheit
- Distanziertheit von äußeren Reizen
- Lebend mehr aus der Mitte
- Innere Stabilität
- Größere Wachheit
- Vergrößerte Wahrnehmung
- Bessere Präsenz
- Mehr Energie
- Leichtere Alltagsgestaltung

Was gilt es zu beachten:

Wie wir bereits gehört haben, geht es um ein „Nach-Innen-gegangen-werden“. Das heißt: Es ist kein aktiver, sondern ein passiver Prozess. Wir lassen also geschehen.

Die Handhabung geht im Einzelnen wie folgt:

- Wir setzen uns bequem auf einen Stuhl, so dass die Oberschenkel aufliegen und der Rücken nicht angelehnt ist.
- Wir legen die Hände so auf unsere Oberschenkel, dass sie nicht stören.
- Der Kopf ist geradeaus nach vorne gerichtet.
- Die Augen sind geschlossen.
- Die Wirbelsäule ist gerade aufgerichtet.
- Wenn die Sitzhaltung passt, dann lassen wir alle Anspannungen los.
- Wir beginnen zu atmen, zunächst ein paar Mal tief, fest ein und aus.
- Gleichzeitig beobachten wir den Atemvorgang und lassen unsere Aufmerksamkeit dort ruhen.
- Wenn sie abweicht, beginnen wir wieder von vorne mit unserer Beobachtung.
- Es ist möglich, dass zu Beginn irgendwelcher Lärm uns

stört. Jetzt können wir uns üben, die Aufmerksamkeit dort abzuziehen und wieder auf den Atem zu lenken.

- Ebenso ist es möglich, dass Gedanken, Bilder und Gefühle auftauchen, das ist völlig normal. Wir versuchen diese nicht zu verdrängen, sondern kleiden sie in Wolken und lassen sie vorbeiziehen.
- Sie haben kein Ziel vor Augen, Sie wollen nicht irgendwo ankommen. Sie sind bereits da.
- Das Beobachten des Atems geht weiter.
- Plötzlich nehmen Sie wahr, dass „es" atmet und Sie aktiv nichts mehr tun. In diesem Augenblick haben Sie den Punkt der „ruhevollen Wachheit" erlangt.
- Sie haben geschehen lassen. Wer aktiv in Gedanken während der Meditation etwas unternimmt, ist nicht im Zustand der ruhevollen Wachheit.
- In der ruhevollen Wachheit sind Sie tief versunken und doch ganz da. Das Zeitgefühl ist weg und das ist das Indiz dafür, dass Sie in Ihrer Mitte sind.
- Nach ca. 10–20 Minuten, diese Zeitprogrammierung können Sie sich vorher geben, können Sie wieder langsam das bewusste Atmen aufnehmen und die Augen öffnen.
- Nehmen Sie sich noch ein paar Minuten des Stilleseins, bis Sie wieder aktiv werden.

Ein paar Tipps, die das Ganze unterstützen:

- Nehmen Sie sich dann die Zeit, wenn Sie ungestört sein können.
- Telefon und Handys abschalten.
- Nicht nach dem Essen.
- Nicht, wenn Sie müde sind.
- Nach Möglichkeit morgens und abends zur gleichen Zeit.

- Wenn möglich einen Raum dafür einrichten oder zumindest eine kleine Ecke.
- Erwarten Sie nichts, sowohl während als auch nach der Meditation.
- Beobachten Sie was geschieht, nehmen Sie alles an was geschieht und bewerten Sie es nicht.
- Machen Sie es nicht zu einem bestimmten Zweck. Die Folgen stellen sich von selbst ein, je absichtsloser und reiner Sie daran gehen.
- Bleiben Sie dran, viele hören nämlich schon nach drei bis vier Wochen auf, weil die gewünschten Resultate nicht eingetroffen sind.
- Es gibt Leute, die sagen, dass sie es nicht können oder dass es bei ihnen nicht klappt. Alles im Leben beginnt immer mit dem Willen es zu tun. Ist dieser Wille da, schafft jeder auch den Prozess, über das Üben mit den Misserfolgen fertig zu werden.
- Wenn Ihnen anfänglich 10–20 Minuten zu lange vorkommen, dann machen Sie es zunächst einmal mit 3–10 Minuten, um ein Gefühl dafür zu entwickeln.

Und zum Schluss:

Es gibt Leute, die sagen, dass Sie für Meditation keine Zeit haben. Es gibt dazu eine Geschichte:

Ein Wanderer traf in einem Wald einen Forstarbeiter, der mit einer stumpfen Säge versuchte, einen Baum durchzusägen. Der Wanderer sah dies und sagte zu dem Waldarbeiter: „Ihre Säge ist ja stumpf, wollen Sie diese nicht schärfen?“ „Ich weiß“, sagte der Arbeiter, „aber ich habe dazu keine Zeit!“

So geht es vielen Menschen in ihrem Leben. Ständig sind sie am Jammern und Klagen und wenn sie gefragt werden, was sie denn tun, um das zu beenden oder die Situation zu verbessern, dann kommt die übliche Ausrede: „Ich habe keine Zeit!“

Zwiegespräche

Nach Beendigung der Meditation, wenn Sie noch nicht ganz in Ihr Alltagsbewusstsein zurückgekehrt sind, können Sie diesen Zustand des Hinübergleitens von der einen zur anderen Welt nutzen, um Zwiegespräche zu führen.

„Mit wem?" werden sie jetzt fragen.

Mit Ihrem Selbst.

Dieser Aspekt ist nicht nur eine Definition, sondern ein Teil von Ihnen, der mit dem göttlichen Prinzip, wie wir schon dargelegt haben, verbunden ist. Mit diesem „Selbst" können Sie kommunizieren. Sie können sich mit Problemen, Wünschen, Gedanken und Visionen dorthin wenden, um sich helfen zu lassen.

Das Göttliche in Ihnen weiß alles und ist immer präsent. Warum also nicht diese Quelle anzapfen, da sie zudem noch kostenlos und jederzeit zu Verfügung steht? Warum nicht einfach Zwiegespräche mit dem göttlichen Prinzip (Gott) führen?

Sie können nichts verbergen, Sie brauchen sich nicht zu schämen, Sie dürfen alles fragen, was immer Sie nur wollen. Sie können sich auch bedanken und etwas Frohes mitteilen. Sie können auch um etwas bitten. Diese Instanz in Ihnen lässt Sie nicht alleine. Mit der Zeit werden Sie gewahr, dass Sie nur dann alleine sind, wenn Sie sich als Persönlichkeits-Ego sehen.

Mit Ihrem Selbst sind Sie verbunden mit allem, was ist, und deshalb nicht allein. An diesen Zustand gilt es sich zu gewöhnen und sich in problematischen Situationen des Lebens darauf einzustellen.

Meditation und Zwiegespräche sind die „Online-Verbindungen" zum göttlichen Prinzip.

21. Lieben

Das letzte Kapitel behandelt das für uns Menschen wohl interessanteste und zentralste Thema:

Lieben

Wir alle wollen geliebt werden und sollten auch lieben. Das Erstgenannte wollen wir uneingeschränkt bekommen und das zweite bedingt durchführen. Das passt jedoch nicht zusammen und dennoch wird es überall auf der Welt so gehandhabt.

Woran liegt das?

Das Bedürfnis Liebe zu bekommen und die Unfähigkeit zu geben, liegt in unserem Persönlichkeits-Ego begründet. Hervorgerufen wird dies durch die Tatsache, dass sich das Persönlichkeits-Ego im Laufe der Evolution auf der Polaritätsachse zu weit von seinem Gegenpol, dem göttlichen Prinzip, entfernt hat.

Es hat sich abgekoppelt, um sich selbst zu erfahren und zu erleben im Ausdruck. Auf dem Weg hat es sich abgegrenzt von seinem Ursprung, dem göttlichen Prinzip, und wollte es besser machen. Es hat Isolation erfahren, war allein auf sich gestellt und lernte durch Irrtum und Fehler. Ein mühsamer Weg. Im Laufe der Zeit hat es sich verschiedene Überlebenskonzepte angeeignet, die allerdings nicht aus der bedingungslosen Liebe des göttlichen Ursprungs stammen, sondern aus eigener aber unvollkommener Erfahrung.

Durch das Alleinsein entwickelte sich unbewusst der Hunger, geliebt zu werden; durch diesen Mangel wiederum die Unfähigkeit, selbst zu lieben. Mit diesem Konzept tritt heute fast jeder Erdenbürger sein Leben an. Leider sind die Chancen, an diesem Urkonzept etwas zu verändern, relativ gering. So ist es nicht verwunderlich, dass es auf der Erde unter den Menschen an Liebe mangelt. Nur wenige schaffen es, das Muster zu durchbrechen.

Das Persönlichkeits-Ego ist unvollkommen und auf Ab- bzw. Begrenzung festgelegt. Dort liegen unsere Schattenseiten, die Verletzungen, die Überlebenskonzepte, unsere Denkmuster und programmierten Verhaltensweisen begraben. Diese wiederum gestalten – uns überwiegend unbewusst – unser Leben und führen uns an der Leitplanke entlang. Aus diesem Bereich entsteht auch der Hunger nach Anerkennung, Aufmerksamkeit und das Bedürfnis nach Liebe, sowie die Unfähigkeit, selbst zu lieben.

Das, was wir Liebe nennen, ist eine Hilfsform, die das Ego einsetzt, um mit unserem Umfeld Deals zu tätigen. Wir geben etwas, was immer es auch ist, vielleicht etwas Aufmerksamkeit, etwas Bewunderung, etwas Anerkennendes und nennen es Liebe, in Wirklichkeit ist es ein Geschäft für eine Gegenleistung. Wenn Sie Ihren Lebenspartner als Beispiel nur dann lieben, wenn er ordentlich, nett, intelligent, gut im Bett, treu und folgsam ist, dann ist das keine Liebe, sondern Eigennutz.

Prüfen Sie bei sich selbst, woraus die Forderungen bestehen. Aus Ängsten und Besitzansprüchen, Angst vor dem Alleinsein, aus Angst ungeliebt zu sein, verlassen zu werden oder nicht geben zu wollen. Mit diesem Ego machen wir uns mit unseren eigenen Wertmaßstäben zum Mittelpunkt des Weltgeschehens und sind der Auffassung, dass wir nur die Menschen lieben dürfen, die unserem Weltbild am ehesten entsprechen.

Das geht so jedoch nicht auf.

Es gilt den göttlichen Aspekt in uns wieder in den Vordergrund unseres Daseins zu bringen, so dass Ego-Prinzip und göttliches Prinzip ausgewogen gelebt werden und die Balance besser hergestellt ist. Das Ego hat seine Daseinsberechtigung; die Probleme entstehen nur dann, wenn es auf den so genannten „Egotrip“ geht.

In dem Maße, wie wir das göttliche Prinzip in uns zulassen, kann sich auch die reine Liebe entfalten.

Durch die in diesem Buch aufgeführten Darlegungen sind

Möglichkeiten aufgezeigt worden, das „Göttliche" in uns wieder in den Vordergrund zu bringen und die „Ego-Persönlichkeit" mit ihren unvollkommenen Aspekten zu entwickeln. Die Folge davon ist, dass die Fähigkeit zur Eigenliebe und damit zum „Lieben" abhängig von Ihrem Bewusstsein stark zunimmt.

Eigenliebe bedeutet:

- Sich uneingeschränkt anzunehmen.
- Sich bewusst zu sein, dass wir zweigeteilt sind und beide Teile, die vollkommenen wie auch die unvollkommenen Anteile, ihre Berechtigung haben.
- Nicht nur das Persönlichkeits-Ego mit all seinen Fähigkeiten und Talenten zu lieben, sondern auch die Schattenseiten und beiden gleichermaßen Bedeutung zu geben.
- Über das Persönlichkeits-Ego lachen zu können.
- Dieses Gefühl der Eigenliebe spüren zu können.
- Es als nie versiegende Quelle zu erleben.
- Sie als Teil der göttlichen, allumfassenden Liebe wahrzunehmen.
- Zu wissen, dass sie nicht von äußeren Bedingungen abhängt.
- Zu wissen, dass sie nichts will, außer uneingeschränkt zu geben.

In dem Maße wie die Eigenliebe zunimmt, verändert sich unsere Anziehungskraft für andere Menschen. Die uns innewohnende Liebe strahlt immer mehr nach außen. Das Leben bekommt dadurch eine ganz andere Qualität. Wir erleben eine deutliche Zunahme an Liebe von anderen. Durch die verstärkte Eigenliebe strahlen wir etwas ganz anderes aus als bisher. Wir werden magnetisch und ziehen das Liebenswürdige und auch Menschen an, von denen wir Liebe empfangen.

Durch den Umgang mit anderen Menschen kann es uns durchaus passieren, dass wir Menschen treffen, für die wir nicht sofort Liebe empfinden, weil diese etwas tun oder getan haben, das von unseren Vorstellungen abweicht. Dadurch sind wir gefordert. Es ist leicht zu lieben, wenn uns Liebe begegnet. Jemanden, oder überhaupt zu lieben, darf nicht von dem abhängen, was ein anderer tut, sondern davon, ob Sie überhaupt lieben *können.*

In Kapitel 2 wurde die These aufgestellt, dass ein Mensch immer nur das tut, wovon er überzeugt ist, dass es richtig für ihn ist. Das, was jemand tut, ist immer nur zum eigenen Vorteil, also nicht gegen den anderen gerichtet. Aus diesem Grunde, weil **jeder** so handelt, können Sie den anderen auch lieben, nicht das, was er tut, sondern ihn als Wesen, da auch in ihm das göttliche Prinzip enthalten ist.

Sie tun sich im Umgang mit dem Lieben viel leichter, wenn Sie sich bei jeder Begegnung mit einem Menschen ständig diese Zweiteilung (Ego und göttliches Prinzip) vor Augen führen. Das göttliche Prinzip im anderen unterscheidet sich in nichts von dem eigenen; das Ego muss sich unterscheiden, sonst gäbe es ja keine verschiedenen Wesen. Der einzige Unterschied zwischen den Egos ist die jeweilige inhaltliche Form.

(Wenn Sie sich zum Beispiel das Ego des einen Menschen als Farbe grün und das Ego des anderen als Farbe braun vorstellen, fällt Ihnen das Verständnis dafür leichter. Gibt es nun auf dem Entwicklungsweg des Menschen einen Grund, warum das braune Ego besser sein soll als das grüne? Es gibt keinen, es ist eben nur anders.)

Was wir als Menschen tun, ist Ausdruck des göttlichen Schöpfungsprinzips. Warum soll ein Schöpfungsakt bedeutungsvoller sein als der andere?

Es gilt anzuerkennen, dass dieser nur anders ist, nicht mehr und nicht weniger.

Vielleicht gelingt es Ihnen durch diese Darstellung, Ihre Liebesfähigkeit besser zu entwickeln. In jedem anderen Menschen begegnet uns das göttliche Prinzip, also Grund genug, Liebe zu praktizieren. In jedem anderen Menschen begegnet uns auch die gleiche Form (das Ego), nur eben anders, auch Grund genug Liebe zu praktizieren. Wenn wir jedoch mit den Inhalten des anderen Egos Probleme bekommen, ist das dann nicht unsere ureigenste Sache?

Warum sollen wir deshalb nicht lieben?

Warum freuen wir uns denn nicht, wenn er durch sein So-Sein das in uns anklingen lässt, was unvollkommen ist und nach Erlösung schreit?

Durch sein So-Sein hat er uns auf unserem Entwicklungsweg wieder geholfen. Dafür können wir dankbar sein, ja sogar ihn dafür lieben. Reine Liebe gibt ohne zu fordern oder Bedingungen zu stellen.

In unserem Kulturkreis mit den fest etablierten Gesellschaftsstrukturen ist das Praktizieren reiner Liebe fast undenkbar, weil sie von dem „Normalen" abweicht. Aber ist das, was abweicht und für uns momentan nicht vorstellbar ist, deswegen falsch? Die Gesellschaft entwickelt sich verständlicherweise auch deshalb nicht weiter, weil sie an den alten bekannten und eingeführten, aber nicht hinterfragten Verhaltensnormen fest hängt und sie auch pflegt.

Durch die mangelnde Bereitschaft, lieben lernen zu wollen, erfährt der Mensch, wie bereits aufgeführt, lieber Leid und Schmerz. Die vielen Ehescheidungen zeigen es doch so deutlich (In Deutschland jede dritte und in USA jede zweite Ehe). Dieses wäre nicht notwendig.

Interessant ist in diesem Zusammenhang noch zu erwähnen, dass die großen Glaubenskonfessionen das Nichtlernen noch unterstützen, obwohl gerade dort den Menschen die Fähigkeit zu lieben gelehrt und gelernt werden sollte.

Die Evolution zeigt uns auch hier, dass sie den Weg unbeirrt weitergeht, weil sie ihr Ziel kennt: den Menschen zu einem göttlichen Wesen mit praktizierender bedingungsloser Liebe zu entwickeln, auch wenn der Weg dahin sich zum Nachteil des Menschen darstellt und er dadurch Leid und Schmerz erfährt. Das jedoch will die Evolution nicht, denn der Mensch hat durch seine Wahl die Art und Weise des Lernens selbst bestimmt. Es gibt eben nur zwei Möglichkeiten zu lernen, freiwillig durch Einsicht, oder unfreiwillig durch Schmerz und Leid.

Irgendwann, und das ist sicher, werden wir die Entwicklungsstufe des bedingungslosen reinen Liebens erreicht haben. Der Zeitpunkt liegt in unserer Hand.

Eine andere Ebene, auf der ebenfalls die Fähigkeit zu „lieben" praktiziert wird, ist die körperlichen Ebene. Wir nennen dies Sexualität. Die körperliche Vereinigung von Mann und Frau, Geschlechtsakt genannt, ist das, was die Menschen so gerne praktizieren, da sie über den Weg des Orgasmus dem Gefühl und dem Zustand der Einheit sehr nahe kommen. Hier zeigt sich sehr deutlich, wie durch das Verschmelzen zweier Pole die Polarität aufgehoben und in der Vereinigung mehr oder weniger der Zustand des Einsseins erlebt wird.

Erreichbar ist das sicherlich nur dann, und das können Sie in qualifizierten Tantra-Kursen erfahren, wenn Sie nicht nur die rein körperliche Befriedigung anstreben. Anhand des Verhaltens beider Menschen lässt sich die oben beschriebene Fähigkeit des Liebens sehr deutlich erkennen. In dem Maße, wie Sie geben, erhalten Sie auch. Wenn nur einseitiges Interesse besteht, geben Sie nicht, Sie benutzen den anderen. Wenn sie sich nur auf Sex beschränken, ist keine Liebe da.

Liebe ohne Sex ist auch möglich, aber eher nicht wahrscheinlich, da sich die Liebe auch auf der körperlichen Ebene ausdrücken möchte.

Sex ohne Liebe schafft auf Dauer Leere, weil etwas fehlt. Das Wahrnehmen und Beobachten Ihrer eigenen Sexualität hilft, sich selbst sehr gut zu erkennen, wie Sie als Mensch sind. Sie können diese Erkenntnisse nach dem Prinzip der Entsprechung auf andere Ebenen Ihres Daseins übertragen und Sie werden dadurch feststellen, dass die Verhaltensstruktur völlig identisch ist.

Ebenso ist es natürlich umgekehrt. So wie ein Mensch Auto fährt, wie er isst, wie er spazieren geht, wie er Geschäfte macht, so wird er auch Sex haben.

Wenn Sie als Beispiel Ihren männlichen Aspekt betont haben, werden Sie sich beim Sex schlecht hingeben können. Sie werden der Macher sein wollen und aktiv sein. Als Frau bedeutet das, das Sie Schwierigkeiten haben werden, einen Orgasmus zu erleben. Sie sehen also, die Prinzipien wirken überall und gleichzeitig.

Durch das Praktizieren der Sexualität können Sie das „Lieben" lernen. Sexualität kann sehr intensiv erlebt werden, da es ein großes Feld an Möglichkeiten zum Spielen und Erforschen bietet. Es macht viel Spaß und Freude, wenn die Partner einen intensiven und ehrlichen Dialog betreiben.

Beim Sex halten wir uns im intimen Raum des anderen auf und das ist schon ein Akt der Liebe, denn es setzt immer Hereinlassen voraus. Dieses Hereinlassen findet gegenseitig statt und kann mit viel Würde und Respekt ausgeübt werden. Hier beginnt bereits die Fähigkeit zu „lieben".

In der Liebe ist auch das Prinzip der „Lust" beheimatet, nicht zu verwechseln mit dem „Trieb" in uns. Diese Lust kann in Verbindung mit dem „Lieben" seinen besonderen Ausdruck finden, weshalb sie gerade den Alltag des Liebens so wertvoll machen kann.

Schlusswort

Zunächst möchte ich Ihnen, liebe Leser, gratulieren, dass Sie es geschafft haben, bis ans Ende dieses „Reiseführers“ zu gelangen. Ich kann mir gut vorstellen, dass Sie zwischendurch Phasen hatten, in denen Sie alles in Frage stellten und Ihre Reise mit mir abbrechen wollten. Ich weiß aus vielen Gesprächen, dass sich beim Lesen des Buches bei den meisten Lesern Widerstände auftun, stehen doch die aufgeführten Thesen in krassem Widerspruch zum Denken der „normalen Welt“.

Sie haben jetzt die Wahl, entweder beim „Alten“ zu bleiben oder sich dem „Neuen“ zuzuwenden.

Meine Empfehlung lautet:

Geben Sie sich die Chance, das „Neue“ einmal auszuprobieren; nach einem halben Jahr Anwendung haben Sie eigene Erfahrungen gemacht und diese werden für sich sprechen. Es ist ein Abenteuer in Ihre geistige Zukunft. Abenteuer fordern heraus und bringen viel Ungewisses.

Sie haben den Vorteil, dass andere vor Ihnen den Weg bereits gegangen sind. Somit ist der Ausgang berechenbarer. Ich habe 20 Jahre in diesem Leben gebraucht, um zu diesen Erkenntnissen zu gelangen. Sie kamen nicht alle gleichzeitig, sondern nacheinander, so hatte ich Zeit zum Experimentieren. Immer wieder erhielt ich irgendwoher neue Thesen, die mich zunächst durcheinander gebracht haben. Außerdem haben diese oft nicht zusammengepasst. Für mich war es wichtig, dass Darstellungen schlüssig sind und Fragen beantwortet werden können. Oft war ich auf einer Stufe und dachte, jetzt hast du es kapiert, aber dann kam wieder eine neue Perspektive, die es zu integrieren galt. So geht es mir auch heute. Es geht ständig weiter. Es wird dabei immer feiner und bewusster.

Ich möchte immer weitergehen, aus Lust am Leben, weil es stets neue geistige Überraschungen gibt.

Die Weiterentwicklung ist wie eine Spirale, die auf breiter Basis beginnend, dann schmäler werdend immer weiter nach oben führt. Mit jedem Schritt lichtet sich der Nebel und es wird heller und klarer. Wir wissen leider nicht, wo wir auf dieser Spirale stehen, aber eines steht fest, dass jeder da, wo er steht, am richtigen Platz ist und es weiterzugehen gilt.

Es wäre schön, wenn wir uns auf dieser Reise einmal begegneten und gemeinsam Erfahrungen austauschen könnten. Gesprächsstoff gäbe es sicherlich genug und wenn es so sein soll, wird es auch geschehen.

Schlussendlich wünsche ich Ihnen von ganzem Herzen viele Aufhellungen in Ihrem Bewusstsein und weiterhin eine erlebnisreiche Reise.

Ihr Verfasser
Benno Scheyer

P.S.
Für Kontaktaufnahme zwecks Seminaren, Beratungen, persönlicher Gespräche, Coachings oder auch nur „Smalltalks" bitte folgende E-Mail-Adresse verwenden: bscheyer@web.de

Danksagung

Der Inhalt dieses Buches ist aus dem Leben für das Leben geschrieben worden. Sehr viele Menschen haben mich in meinem Leben begleitet, tun es heute noch und haben bei mir durch ihr So-Sein zu Erkenntnissen und Erfahrungen geführt, die mich zu dem gemacht haben, der ich heute bin.

Sehr vielen Menschen bin ich begegnet. Mit dem einen war ich kurz, mit dem anderen etwas länger zusammen; alle Begegnungen trugen in sich die Botschaft der Liebe. Nicht jedes Mal war das auf den ersten Blick für mich erkennbar, doch heute möchte ich mich bei allen bedanken, denn jeder hat auf seine Weise zur Schönheit und Bereicherung meines Lebens sowie zu diesem Buch beigetragen.

Von ganzem Herzen danken möchte ich:

Meiner lieben Frau, Freundin und Geliebten Petra. Mit ihr habe ich bis zur Herausgabe des Buches 29 Jahre gemeinsam gelebt, gelitten, geliebt und alles gemeistert. Sie hat mir fünf gesunde und tolle Kinder zur Welt gebracht.
Meinen Kindern: Christoph (27), Michael (24), Eva-Maria (20), Victoria (12) und Alisa (10), auf die ich alle sehr stolz bin und die mich heute noch an meine Grenzen bringen.
Meinen Eltern.
Meinen Geschwistern: Regina, Bernhard, Luzia und Monika.
Meinen Schwiegereltern mit ihren Kindern.
Elisabeth und Lothar Sack.
Jürgen und Marlies Somfleth.
Thomas und Cornelia Ziegler.
Stephan Hübner und Barbara Schneider.
Klaus und Uschi Kirstein.

Ursula Stohr, Harald Wessbecher, Johann Hilble, Bruno und Conni Württemberger, Thomas Young und Avadhuta.
Den Mitarbeitern von Fidum GmbH und später MBS GmbH.
Den Mitarbeitern vom I.D.A.V. und M.C.F.M., insbesondere: Harry und Beate Weber, Günther und Renata Mondrowski, Harry Gutowski sowie Detlev und Beatrix Koch.
Den Mitarbeitern des Hotel Sonnenstrahl.
Den Gästen des Hotel Sonnenstrahl.
Allen Menschen, mit denen ich beruflich, geschäftlich und persönlich zu tun hatte.
Philipp Haugg für die tolle Lektoratsarbeit und Satz, sowie Angela und Ernstfried Prade für die Gestaltung des Buches.